lonely planet

AF275520

BEST in TRAVEL 2025

Los mejores destinos, viajes y experiencias del año

SUMARIO

Introducción 4

LOS 10 MEJORES
países

LAS 10 MEJORES
ciudades

1 / Camerún 14

2 / Lituania 20

3 / Fiyi 26

4 / Laos 32

5 / Kazajistán............................ 38

6 / Paraguay 44

7 / Trinidad y Tobago 50

8 / Vanuatu 56

9 / Eslovaquia 62

10 / Armenia 68

1 / Toulouse, Francia 76

2 / Puducherry, India 82

3 / Bansko, Bulgaria 88

4 / Chiang Mai, Tailandia 94

5 / Génova, Italia 100

6 / Pittsburgh, EE UU 106

7 / Osaka, Japón....................... 112

8 / Curitiba, Brasil.................... 118

9 / Palma, España 124

10 / Edmonton, Canadá 130

LAS 10 MEJORES
regiones

LAS 10 MEJORES
tendencias

1 Las remotas islas Yasawa bordeadas de arrecifes, Fiyi
2 Siguiendo la costa desde Génova se ven maravillas
ligures como Manarola, en Cinque Terre 3 Embriagadoras
vistas desde el Zugspitze, en los Alpes Bávaros, Alemania
4 Los aficionados a la observación de aves pueden ver el
majestuoso búho real americano.

INTRODUCCIÓN
por Tom Hall

En Lonely Planet nos encanta viajar. Y si hay algo mejor que emprender un viaje es la expectación que lo rodea: la planificación, las decisiones sobre los detalles de la ruta, la preparación del equipaje... Pero antes, todo empieza con una sencilla pregunta: ¿dónde?

1

Quizá este libro ayude a responder esa pregunta. El 2025 podría ser un año para visitar los volcanes, las selvas tropicales y las playas de Camerún, nuestro país principal en esta edición. O Toulouse, la rosada metrópolis francesa rica en cultura, que encabeza nuestra lista de ciudades. O de conocer la historia, la naturaleza y la costa salvaje del estado de Georgia, en EE UU.

Y esto es solo el comienzo. Esperamos que *Best in Travel 2025* brinde inspiración a todos los viajeros, ya sea para explorar los tesoros históricos y culinarios de Palma de Mallorca, caminar entre olivares y valles silenciosos por el Jordan Trail o descubrir el poco conocido Laos. Las apasionadas propuestas de nuestros autores exigieron incluir en esta selección la bohemia costa de Puducherry (Pondicherry), en la India; Vanuatu, con sus aventuras en el Pacífico; y los amables encantos de East Anglia, en la verde Inglaterra.

La elaboración de este *Best in Travel* condensa todo lo que amamos de los viajes en los quince años que llevamos publicando esta obra. Esta longevidad implica que el proceso de reunir estas sugerencias es uno de los aspectos más destacados del trabajo de Lonely Planet. Primero recogemos ideas de los colaboradores, un número cada vez mayor de los cuales son expertos locales de todo el mundo. Luego, esas sugerencias se votan y clasifican de forma independiente. Ante el avance de la inteligencia artificial, *Best in Travel* sigue siendo un compendio de experiencia humana. Nos encanta recomendar lugares, porque nosotros los hemos visitado.

Best in Travel, pues, pretende resolver el "dónde" de los viajes en el 2025. ¿Y el "qué"? Este año hemos incluido también algunas sugerencias que no encajaban en ningún apartado concreto para reflejar las tendencias de viaje que Lonely Planet ha cubierto tanto en forma impresa como en línea. Hacer un viaje para asistir a un espectáculo musical o probar la cocina de una ciudad o

1 La impresionante playa de Haukland, en las islas Lofoten, Noruega **2** Paisaje lunar de Wadi Rum, Jordan Trail, Jordania **3** Castillo de Neuschwanstein, Baviera, Alemania **4** Noches de neón en Osaka, Japón **5** El Wat Pha Lat en plena en selva, Chiang Mai, Tailandia **6** Puesta de sol en el Alto Tatra, Eslovaquia.

5

incluso de un establecimiento en particular son buenas excusas para visitar un nuevo lugar. También crece el interés por viajar dejando el menor impacto posible, por lo que se ofrecen 10 sugerencias para viajar en tren sin la necesidad de volar. Las opciones, por ejemplo, de hacer una peregrinación para ver un árbol especial, sumergirse entre la maleza en busca de la inusual ave del paraíso o ver cómo la escena *drag* cautiva a las multitudes en lugares inesperados son tendencias emergentes y que brindan grandes historias que contar al volver a casa.

Es importante reconocer que todo aquel que viaja por el simple placer de hacerlo

disfruta de una gran suerte. La recopilación de ideas y sugerencias para *Best in Travel 2025* tuvo lugar en un contexto de inestabilidad y conflicto en muchas partes del planeta, algunos nuevos y otros antiguos. Hay demasiados países que Lonely Planet no puede cubrir ni recomendar visitar de manera segura y, aún más importante, el viaje es solo de ida para las personas inocentes que viven allí.

Sin embargo, para quien esté leyendo estas líneas seguramente es más sencillo tomar decisiones y ojalá *Best in Travel* responda las cuestiones básicas: "dónde" y "qué". Un año de aventuras aguarda

● Edmonton

East
Anglia ●

Vala

● Monte Hood
y garganta del
río Columbia

Toulouse ●

Palma ●

● Pittsburgh

● Lowcountry de
Carolina del Sur
y costa de Georgia

● Chiriquí

● Trinidad
y Tobago

● Paraguay

● Curitiba

● Las mejores ciudades
● Los mejores países
● Las mejores regiones

Lituania

aviera

Eslovaquia

énova

Bansko

Giresun y Ordu

Armenia

Kazajistán

Jordan Trail

Terai

Chiang Mai

Laos

Puducherry

Camerún

Osaka

Vanuatu

Fiyi

Launceston y valle de Tamar

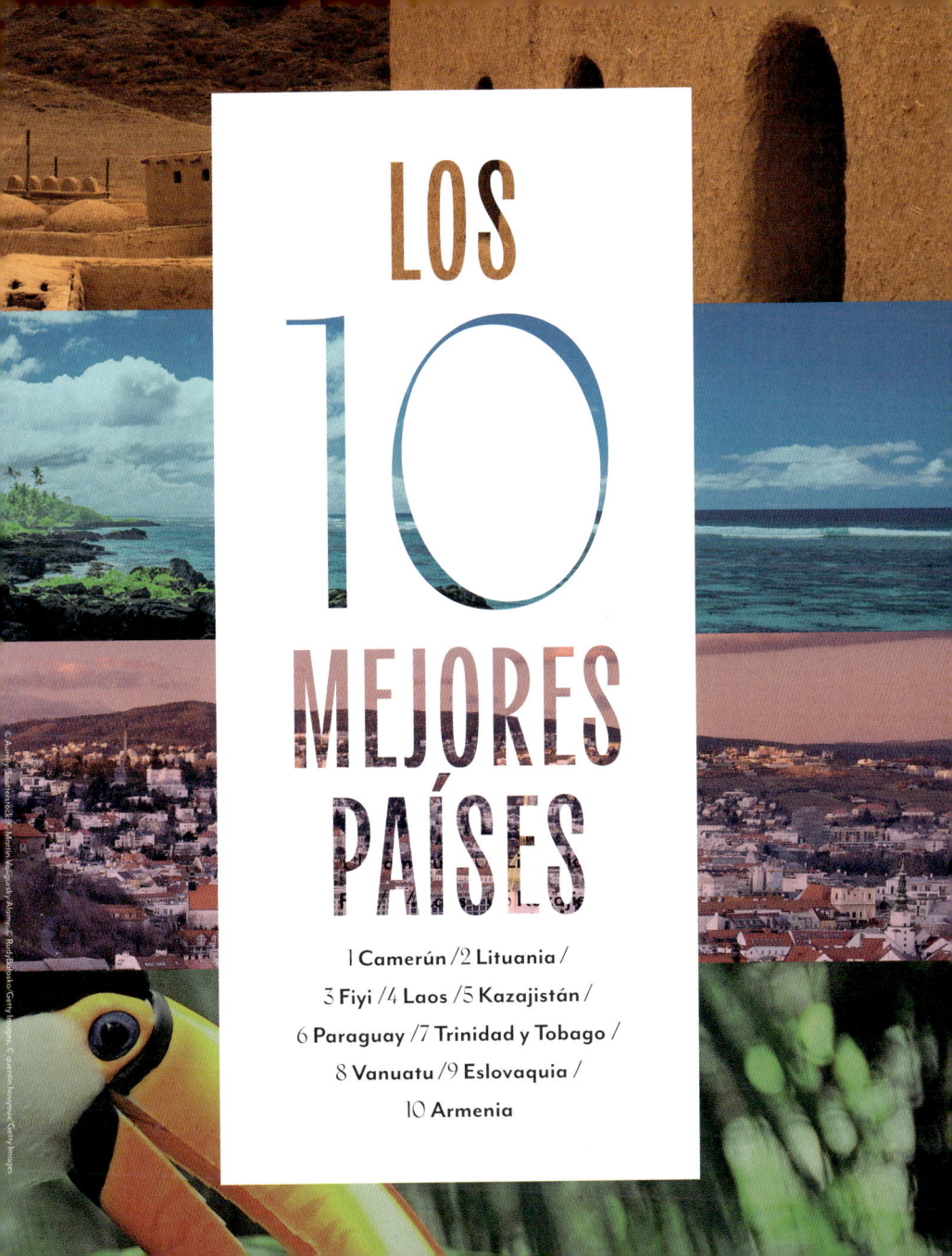

LOS 10 MEJORES PAÍSES

1 Camerún /2 Lituania /
3 Fiyi /4 Laos /5 Kazajistán /
6 Paraguay /7 Trinidad y Tobago /
8 Vanuatu /9 Eslovaquia /
10 Armenia

© Aurelly/Shutterstock; © Martin Margardt/Alamy; © Rudi/Robabo Getty Images; © quentin beurroux/Getty Images

01

Camerún

Imprescindible

1 / Comprar artesanías de bronce y de cuentas en el **Village des Artisans** de la ciudad de Fumban.

2 / Disfrutar del adorable **Kribi** y sus hermosas palmeras, cascadas, arena blancas y aldeas de pescadores.

3 / Admirar en **Yaundé,** la capital, arquitectura *art déco* y de la época de la independencia, y visitar museos esotéricos.

4 / Buscar mandriles, gorilas y elefantes en el **Parc National de Campo-Ma'an** tras ver tortugas marinas en la playa de la cercana Ebodjé.

amerún, que en el año 2025 celebrará el 65º aniversario de su independencia, es un país en movimiento, donde música y cultura tradicional no dejan de evolucionar. Aquí se encontrarán desde playas color chocolate y la montaña más alta de África Occidental a ciudades exuberantes y vastas extensiones de naturaleza. Pese a una crisis latente en el noroeste y algunas zonas prohibidas en el norte, la mayor parte del país disfruta de su papel como próximo destino de aventuras del continente africano.

PLAYAS VACÍAS

Ya es algo bien sabido: África y sus safaris gozan de una popularidad sin precedentes, muchas veces en detrimento de la experiencia.

Empecemos por la costa. Los países que atesoran playas como las de Camerún no pueden pasar desapercibidos mucho tiempo. En una época en la que los viajeros

buscan destinos fuera de las rutas trilladas, lugares que ofrezcan algo diferente y que permanezcan inalterados por el turismo de masas, Camerún es una opción ideal, con playas desiertas cerca del lugar donde el selvático monte Camerún se encuentra con una zona protegida del océano Atlántico. Aparte de unos pocos hoteles, la costa desde Limbe hasta Ebodjé está bastante vacía, un sitio donde comer pescado fresco bajo las palmeras con los pies en la arena. Y qué arena. Este tramo de litoral cuenta con playas de arena blanca orientadas al oeste tan bonitas como las mejores de África, pero en la zona de Limbe muchas presentan tonos color chocolate intenso debido a los flujos de lava de siglos pasados. Más al sur, en la zona de Ebodjé, se puede participar en un proyecto de conservación de tortugas marinas. Y Kribi podría muy bien ser el próximo gran destino de playa de África, pero por ahora sigue intacto. Es una experiencia difícil de encontrar en ningún otro lugar del continente, pero no será así mucho tiempo más.

CIUDADES FRENÉTICAS

Las ciudades de Camerún son presumidas. Desde la húmeda Duala hasta la divertida y fascinante Yaundé, la capital, estas metrópolis tan distintas representan la ciudad africana por antonomasia. Yaundé se extiende por siete colinas y luce un glorioso follaje, calles flanqueadas de arquitectura *art déco* y de la época de la independen-

Cascadas de Ekom Nkam, al suroeste de Fumban **1** El impresionante Monument de la Réunification, de la época de la independencia, en el centro de Yaundé **2** Costas tranquilas y repletas de palmeras en la zona de Kribi.

© santorosede/Getty Images 1 © Sid MBOGNI/Shutterstock 2 © Ponce75/Shutterstock

> Hay que seguir la música. No se puede estar triste en Yaundé, donde la música nunca cesa. Y va acompañada de baile. Solo hay que dar una vuelta, hacer amigos y salir a conocer la noche de la capital.

SAMUEL HAROUNA
/ Guía turístico de Yaundé

cia de la década de 1960, museos, cafés y bares. En ambas ciudades suena una banda sonora ecléctica, formada por los ritmos de África Central, un tráfico incesante, gente amigable y confiada, mercados repletos de tejidos de colores, máscaras y figuras de madera y mucho más. Yaundé y Duala son tremendamente vitalistas y, a diferencia de otros lugares, en ellas escasean los turistas y rara vez son el centro de atención.

LA LLAMADA DE LA NATURALEZA
No hay que alejarse mucho de la ciudad para hallarse en medio de densos bosques de un verde profundo. Las enormes florestas de la cuenca del Congo se extienden desde el interior del país hasta su costa; a veces puede parecer que todo Camerún es una

3 © tsvynondom/Getty Images 4 © Tim E White/Getty Images 5 © mbrand85/Shutterstock

5

gran selva tropical. Hay algunos parques nacionales, como el Parc National de Campo-Ma'an, cerca de Ebodjé, en el extremo sur (donde el Fondo Mundial para la Naturaleza supervisa un bosque repleto de elefantes, primates y leopardos), o los del este del país, adonde llegar ya forma parte de la diversión. Estos parques van cobrando reconocimiento internacional gracias a sus proyectos de conservación, así que quizá el 2025 sea el último año en que el viajero los podrá disfrutar en solitario.

3 Senderismo entre cráteres volcánicos en el Parc National du Mont Cameroun, al noroeste de Duala **4** En el sur, cerca de Ebodjé, hay mandriles, gorilas y elefantes en el Parc National de Campo-Ma'an **5** Frutas tropicales en el Grand Marché de Duala.

Cuándo ir

Si es posible, se debe evitar la época de lluvias (abril-octubre), cuando las tormentas tropicales azotan la cuenca del Congo; la estación seca (noviembre-febrero) brinda, además, las mejores condiciones en las carreteras.

Cómo llegar

Camerún no se halla en las principales rutas internacionales, pero Air France (París), Royal Air Maroc (Casablanca) y Ethiopian Airlines (Adís Abeba) tienen vuelos directos al país.

Otros recursos

Se aconseja leer *El arca sobrecargada* de Gerald Durrell, *Le pauvre Christ de Bomba* de Mongo Beti y *Your Madness, Not Mine* de Juliana Makuchi Nfah-Abbenyi. E incluir en la lista de reproducción a la leyenda del saxo Manu Dibango.

02

Lituania

Imprescindible

1 / Brindar por **Vilna** con cócteles artesanales en Champaneria, seguidos de música en directo y baile hasta las tantas en Bardakas.

2 / En verano ir en bicicleta y nadar, y en invierno pescar en el hielo, caminar por la nieve y admirar las obras de hielo esculpidas por el viento en el frágil tramo de dunas del **Parque Nacional del Istmo de Curlandia.**

3 / Seguir a los peregrinos hasta la **colina de las Cruces,** cerca de Šiauliai, un lugar impactante con más de 100 000 cruces de todas las formas y tamaños.

4 / Perderse entre robledales antiguos y en un laberinto de lagos donde navegar en el intacto **Parque Nacional de Aukštaitija.**

E l último país pagano de Europa en ser cristianizado, ex república soviética, aprisionada por décadas de estancamiento comunista, ecocreativo milenial... Lituania es un destino seductor que rezuma un dolor histórico y una valentía sinónimos de un país que hibernó en las sombras demasiado tiempo. En su moderna capital, Vilna, una enérgica contracultura contrarresta la veneración por la tradición. Nunca ha habido mejor momento para visitar esta tierra de pinos, lagos y dunas junto al mar Báltico, preparada para brillar como Capital Verde Europea 2025.

CIUDAD VERDE EN PROGRESO

En ningún lugar resulta más obvia el alma intrínsecamente luchadora de Lituania que en su audaz y bella capital barroca,

Vilna, una ciudad que prioriza a sus habitantes: felicidad, larga vida y traslados cortos fueron los criterios principales en su discurso ganador ante la Comisión Europea para ser Capital Verde. Los carriles-bici atraviesan esta ciudad encantadoramente compacta y unen destinos entre parques frondosos, algún palacio ducal del s. XVII (como el recién restaurado palacio Sapieha, ahora un centro de arte contemporáneo) y un casco antiguo que forma parte de la lista de la Unesco, con callecitas adoquinadas, iglesias y preciosas cafeterías con terrazas en verano. Las zonas verdes ocupan el 61% de la capital; una ruta de 100 km para correr y pedalear la circunvala; y las bicicletas, patinetes eléctricos y automóviles compartidos alientan a reducir la huella de carbono. En el 2026 habrá 16 autobuses urbanos de hidrógeno, y en el 2030 el 80% del transporte público funcionará con combustibles alternativos a los fósiles.

El barrio judío de Vilna, antes llamada la "Jerusalén del Norte", quedó en gran parte destruido durante la II Guerra Mundial. El nuevo Museo de la Cultura e Identidad Judía de Lituania, en la antigua biblioteca del gueto, en la calle Pylimo, ilustra el legado hebreo del país y su papel en su rica y diversa personalidad. Los premios Nobel Aaron Klug y Bernard Lown, y los artistas Jacques Lipchitz y Mark Antokolski encabezan la emotiva lista de exalumnos judíos lituanos del museo.

Al pasear por esta ciudad, desde la majestuosa catedral neoclásica hasta el artístico Užupis o el recién regenerado barrio de Paupys, se ven desgarradores recordatorios de su pasado: el monumento del Holocausto, antiguos guetos, cámaras de tortura

Vilna en su esplendor otoñal 1 Cultura del café en el barrio de Paupys de la capital 2 El campanario exento de la catedral de Vilna enmarcado por las columnas neoclásicas del edificio principal.

© MNStudio/Shutterstock 1 © Jurgita Vaicikeviciene/Alamy 2 © Ekaterina Pokrovsky/Shutterstock

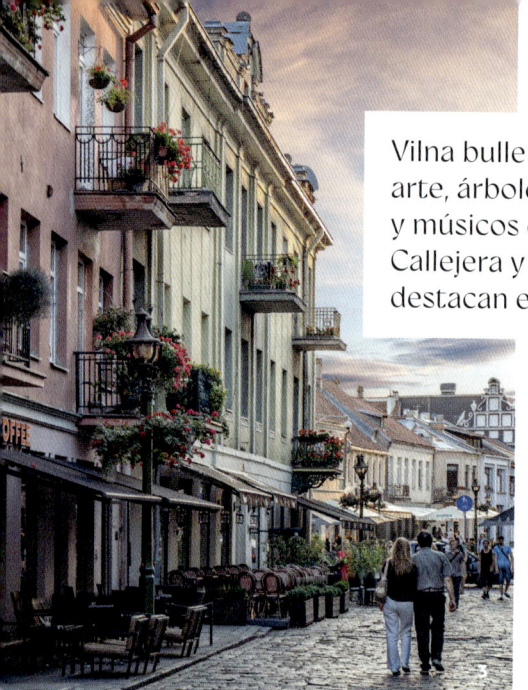

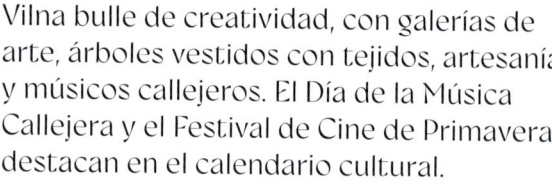

Vilna bulle de creatividad, con galerías de arte, árboles vestidos con tejidos, artesanía y músicos callejeros. El Día de la Música Callejera y el Festival de Cine de Primavera destacan en el calendario cultural.

EGLĖ NUTAUTAITĖ
/ Novelista lituana

de la KGB o cementerios llenos de caídos de guerra, como el vasto e inquietantemente hermoso cementerio de Antakalnis. Algunos lugares que tuvieron un pasado oscuro se han transformado con estilo. Por ejemplo, en el espacio de arte experimental Lukiškės Prison 2.0 uno puede sudar como un recio báltico en una sauna tradicional, codearse con creadores y artistas locales y bailar hasta el amanecer en una cárcel del s. XIX que estuvo en funcionamiento hasta el 2019.

REGRESO A LA NATURALEZA
Lituania tiene algo sobrenatural, ya sea por la brisa del mar Báltico o por las noches blancas estivales, cuando el sol apenas se pone y los noctámbulos siguen en pie a base de vodka, cerveza artesanal y *midus* (aguamiel) medieval. En las playas cercanas a Klaipėda se encuentran trozos de ámbar dorado. En la fascinante laguna helada de Nida se afanan pescadores en el hielo. Los bosques del este y el sur están llenos de alces salvajes y dioses paganos esculpidos. Se puede buscar bayas silvestres y flotar en lagos salpicados de islas en los prístinos parques nacionales de Aukštaitija y Dzūkija. Y perderse en los arrullos y la serenidad del paraíso ornitológico del delta del Nemunas (Niemen).

3 © Ángel Villalba/Getty Images 4 © A. Aleksandravicius/Shutterstock 5 © A. Aleksandravicius/Shutterstock

5

Al aire libre se siente el estimulante latido de las estaciones y la tierra. Cinco parques nacionales y 30 regionales protegen el 18,3% del país, con nuevas pistas de senderismo y plataformas de observación en las copas de los árboles que no dejan de surgir por doquier. En el 2025, en la prestigiosa Bienal de Arquitectura de Venecia, la participación de Lituania celebra la "Arquitectura de Árboles" autóctona y pretende concienciar sobre el *greenwashing* de los arquitectos contemporáneos. Efectivamente, la talla en madera tradicional, de gran raigambre en Lituania, no ha pasado de moda.

3 El encantador casco antiguo adoquinado de Vilna **4** Desde enormes hasta minúsculos, unos 100 000 crucifijos adornan la colina de las Cruces, cerca de Šiauliai **5** Senderismo por los tranquilos pinares del Parque Nacional del Istmo de Curlandia.

Cuándo ir

De junio a agosto hay largos días soleados, noches cortas, un mar Báltico más cálido y numerosos festivales culturales. A finales de junio apenas oscurece.

Cómo llegar

Los aeropuertos de Vilna y Kaunas reciben vuelos internacionales. Las excelentes conexiones ferroviarias con Varsovia facilitan el viaje a/desde otras ciudades europeas. Salen ferris a Klaipėda desde Kiel (Alemania) y Karlshamn (Suecia).

Otros recursos

Estas dos fascinantes novelas en inglés permiten adentrarse en el alma moderna de Lituania: *Asphalt Kids* de Eglė Nutautaitė y *The Last Girl* de Stephan Collishaw, ambientada en Vilna durante la II Guerra Mundial y la década de 1990.

03

Fiyi

Lambasa

OCÉANO
PACÍFICO

Savusavu

Lautoka

Levuka

Suva

Imprescindible

1 / Experimentar una **cere-monia de 'kava'** compar-tiendo ritualmente un cuenco comunitario.

2 / Bucear en las **zonas marinas protegidas** para ex-plorar sus arrecifes de coral y sus cálidas aguas tropicales.

3 / Disfrutar de la cultura y la hospitalidad mediante una experiencia cultural como las que ofrece el colectivo de turismo sostenible **Duavata.**

4 / Ir a las **montañas y cascadas** para gozar de un genuino encuentro con la selva y la naturaleza.

A l ritmo suave de los tambores lali y las olas, Fiyi se extiende por más de 330 islas bordeadas de palmeras que son una sinfonía de aguas turque-sas, vibrantes arrecifes de coral y playas perladas. Desde las montañas del interior a la costa, los fiyianos se enorgullecen de su hogar y disfrutan de poder compartir su belleza y cultura con los viajeros. Con los brazos abiertos y el sentido saludo de "¡bula!", Fiyi ofrece más que un pedacito de paraíso, pues invita a ser parte de su encantadora e interesante mezcla de cultura, naturaleza y hospitalidad.

PROTEGER EL MAR

Los buceadores y submarinistas quedan asombrados ante el vasto reino marino de Fiyi, 3,4 millones de km^2 de aguas cerúleas con más de 460 zonas protegidas repletas de biodiversidad. En este paraíso acuático habitan más de 1200 especies de peces de arrecife entre 390 tipos distintos de coral, en unas aguas patrulladas por una asombrosa variedad de más de 75 especies de tiburones y rayas. Este tesoro natural es esencial para el patrimonio cultural y la economía de Fiyi, sobre todo en cuanto al turismo. En el 2025 aumentarán los esfuerzos de conservación destinados a proteger, revitalizar e involucrar activamente a los visitantes en un viaje de gestión por este precioso entorno oceánico.

Tourism Fiji espera transformar las tradicionales vacaciones de placer en una actividad de mayor calado. Una nueva iniciativa invita a los viajeros a dedicar una hora cada día a la conservación mediante actividades como la plantación de corales y manglares, lo que remite a la filosofía de que la verdadera felicidad surge de la generosidad. Tourism Fiji y la Asociación Profesional de Instructores de Buceo (PADI) han creado el programa Bula Blue, un proyecto de futuro con el objetivo de situar al país en una posición líder en cuanto a viajes sostenibles. Esta colaboración pretende establecer una amplia red de centros de buceo PADI Eco Center con hincapié en la conservación y la sostenibilidad. El plan está diseñado para fomentar un turismo regenerativo que también beneficie a las comunidades locales.

Con el ambicioso objetivo de ampliar las zonas marinas protegidas en un 30% para el año 2030, Bula Blue también planea implementar el programa Adopt the Blue, un proyecto comunitario para la conservación de los arrecifes en los enclaves de buceo de Fiyi. Además, Padi Aware tendrá un papel esencial al brindar a los lugareños oportunidades profesionales en el buceo, profun-

Islas de color esmeralda y aguas ricas en arrecifes de las islas Yasawa **1** Escondites idílicos en las islas Mamanuca **2** Cascadas de Tavoro, en el Parque Nacional de Bouma, Taveuni, la selvática "isla jardín" de Fiyi.

© Ignacio Moya Coronado Shutterstock 1 © Matteo Colombo/Getty Images 2 © Danyanedinmum/Getty Images

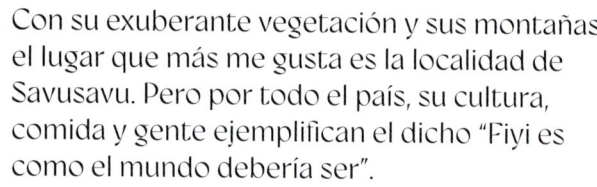

Con su exuberante vegetación y sus montañas, el lugar que más me gusta es la localidad de Savusavu. Pero por todo el país, su cultura, comida y gente ejemplifican el dicho "Fiyi es como el mundo debería ser".

KITTY WEATHERALL
/ Gerente, Jean-Michel Cousteau Resort

dizando así su conexión y gestión del medio marino. Manta Project Fiji, en colaboración con Manta Trust y resorts como Kokomo Private Island y Barefoot Manta, promueve la conservación de las mantarrayas a través de la investigación, el marcado y el esnórquel responsable con estos elegantes gigantes, además del programa Adopt a Manta. Por su parte, Beqa Adventure Divers cuenta con el Fiji Shark Lab, un centro de investigación para la preservación de tiburones y rayas que se financia con los ingresos de los centros de buceo, sus inmersiones con tiburones y una iniciativa de adopción de escualos.

EXPERIENCIAS CULTURALES

El atractivo de Fiyi no se limita a sus relucientes costas y aguas biodiversas. Clasificada como una de las naciones más felices del mundo, aquí es obvio nada más llegar que su verdadera esencia brilla a través de sus gentes. Los fiyianos invitan a disfrutar de su mosaico cultural, con danzas exuberantes y sentimentales melodías que sumergen al visitante en el espíritu comunitario de una ceremonia de *kava*. La industria turística transmite su cultura de una manera que no resulta falsa ni artificial. Los equipos de

3 © pococfoto/Shutterstock 4 © Feverpitched/Getty Images 5 © J.S Lamy/Shutterstock

5

Nanuku Resort, Turtle Island y Jean-Michel Cousteau Resort garantizan que se respeten las tradiciones y cultura locales y desempeñan un papel activo en la experiencia de los huéspedes. Por su parte, Talanoa Treks, Namosi Eco Retreat y Domoika Adventures, todos del colectivo de turismo sostenible Duavata, involucran a los visitantes en la cultura tradicional mediante actividades de aventura.

3 Productos locales en el mercado de Nadi, en la costa oeste de Fiyi 4 Colorido lori solitario, una de las especies de aves endémicas que revolotean por las selvas de las islas 5 Caleidoscopio de colores en un arrecife de Fiyi.

Cuándo ir

Se aconseja visitar las playas perladas de Fiyi durante los meses del monzón, de noviembre a abril, para disfrutar de tarifas asequibles y soledad entre aguaceros. El resto del año hace más sol, pero hay mucha más gente.

Cómo llegar

Fiji Airways opera vuelos directos desde América del Norte, Asia, Australia y Nueva Zelanda, y tiene conexiones con Europa mediante aerolíneas asociadas, aunque son de una o varias escalas.

04

Laos

Imprescindible

1 / Visitar, en Vientián, el **templo Pha That Luang** y Patuxai, una recreación del Arco de Triunfo de París que recuerda el pasado colonial de Laos.

2 / Desembarcar en **Luang Prabang** para ver la cascada de Kuang Si, el casco antiguo y la ceremonia de entrega de limosnas en la calle Sisavang-vong al amanecer.

3 / Pasear por el **complejo del templo Dorado,** en las afueras de Kunming, para explorar sus espacios religiosos, parque forestal, jardín botánico y museo al aire libre.

4 / Ver el **espectáculo Dynamic Yunnan** en el teatro Yunnan Yingxiang, un fabuloso musical que muestra la historia y la vida de las minorías étnicas del suroeste de China.

E l sureste asiático es famoso por sus lentos y decrépitos ferrocarriles que atraen tanto a viajeros pausados como a vídeo-blogueros. No obstante, mientras sus vecinos avanzan casi sin cambios desde la década de 1970, Laos ha inaugurado una red ferroviaria internacional de alta velocidad que conecta sus tranquilas llanuras con la bulliciosa provincia de Yunnan, en el suroeste de China. Este "transasiático" puede competir con el avejentado y de difícil acceso Transiberiano, pues ofrece trenes cómodos, billetes baratos, clima subtropical y un sinfín de lugares de interés turístico a lo largo del trayecto.

AVENTURA FERROVIARIA CHINA-LAOS

Dado el sempiterno atractivo del sureste asiático tanto para viajeros como para mochileros, la tendencia de buscar aventuras por rutas menos conocidas ha hecho que la región dude sobre su popularidad en el futuro. Por suerte, esta nueva maravilla de la ingeniería, que conecta la región con los vastos y épicos paisajes del sur de China, puede ser el próximo viaje ineludible en la zona.

Los 1035 km del ferrocarril China-Laos son mucho más que un simple viaje en tren. Con paradas de subida y bajada libre, conecta algunas maravillas culturales y naturales de Asia relativamente desconocidas. Esta ruta constituye una experiencia esencial para quienes desean evitar el gentío y presumir de haber ido "antes de estar de moda" y de la ampliación prevista de la línea por Tailandia, Malasia y Singapur.

Aparte de los beneficios sostenibles que implica viajar en tren, los acogedores vagones y los prácticos horarios hacen que se trate de una opción excelente para quienes buscan una aventura genuina.

CIUDADES SIMILARES

Ya se suba en Yunnan en dirección al sur o en Vientián, la capital de Laos, el tren de alta velocidad, que se desplaza con suavidad, ofrece algunas de las mejores vistas de la región en su paso veloz por imponentes montañas, vastos arrozales y encantadoras ciudades chinas que muestran una cara de Asia más tranquila y menos visitada por turistas foráneos. Cada parada es todo un mundo en sí mismo. Las ciudades de los extremos de la línea no podrían parecer más diferentes, pero en espíritu son similares. Vientián es un lugar único que equilibra la tradición con la modernidad bajo un gobierno budista-

© Daniel Andis, Getty Images 1 © Wuttichok Panichiwarapun/Shutterstock 2 © Suthikait Teerawattanaphan/Shutterstock

Población en una colina cerca de Luang Namtha 1 El Patuxai, réplica del Arco de Triunfo de París, honra a los laosianos caídos en las guerras prerrevolucionarias, Vientián 2 El dorado Wat Ho Pha Bang acoge la imagen de Buda de la que Luang Prabang toma su nombre.

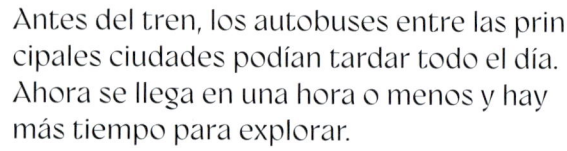

Antes del tren, los autobuses entre las principales ciudades podían tardar todo el día. Ahora se llega en una hora o menos y hay más tiempo para explorar.

CHRIS SCHALKX
/ Periodista

comunista. Kunming también rezuma un aire relajado y apacible, más propio del sureste asiático que de China. Se la conoce como la "ciudad de la primavera" por su clima templado todo el año, que combina bien con sus bellos monumentos, cuidados espacios públicos, aguas termales, lagos y museos.

VISTAS FUGACES POCO CONOCIDAS
Viajando a 160 km/h por el tramo entre Vientián y Boten, el tren pasa por 162 puentes (dos cruzan el río Mekong y miden más de 1 km cada uno) y 72 túneles entre paisajes verdes y montañas vírgenes. El recorrido del tren también acerca a algunas de las ciudades antiguas menos visitadas pero más interesantes del país, como Luang Prabang, Oudomxai y Luang Namtha. Todas son dignas de pasar una noche si se dispone de tiempo suficiente.

En Boten (Laos) o Mohan (China) se debe pasar por el control de inmigración antes de cruzar la frontera. Desde Laos se entra por la prefectura autónoma dai de Xishuangbanna, en el sur de China, y se pasa por Yuxi, Pu'ér y Kunming Sur antes de llegar finalmente a la capital de Yunnan. Este tramo consta de dos líneas, que reducen la velocidad al entrar en Yunnan, a unos 90 km de la terminal.

3 © Day3/Getty Images 4 © filmlandscape/Shutterstock 5 © gg foto/Shutterstock

5

En su totalidad, el trayecto dura unas 10 h 30 min, incluido el tiempo que se pasa en aduanas e inmigración. Antes, el único transporte entre ambas ciudades era el autobús Kunming-Vientián, que tardaba más de 22 h. A los viajeros con un presupuesto ajustado les gustará saber que el billete del tren y el del autobús tienen precios muy similares. Quienes deseen evitar las multitudes deberían realizar este trayecto en el 2025, antes de que se abarrote de mochileros.

3 Cascadas de Kuang Si, sencilla excursión de un día desde Luang Prabang 4 Pescado asado en un puesto callejero de Laos 5 Caminando bajo la lluvia en Luang Prabang.

Cómo llegar

La reserva de billetes para el tren China-Laos es diferente para cada tramo. En China, se puede reservar con antelación a través de la web oficial www.12306.cn o en las taquillas de las estaciones. En Laos aún no es posible reservar en línea: los billetes se compran en las estaciones o en agencias, con un período de reserva previa de tres días. Los billetes son muy asequibles, pero los precios varían según la demanda, la temporada y el horario. Los de 1ª clase cuestan unos 850 CNY (110 €), y los de 2ª, 200-600 CNY (26-78 €). No hay literas.

05

Kazajistán

K azajistán no es solo un lugar que visitar; es un mundo al que entrar, un viaje que emprender y una historia de la que formar parte, con fantasmas de la antigua Ruta de la Seda susurrando por las estepas que rodean las ciudades. La aventura empieza en la cosmopolita Almaty, para luego recorrer las abruptas montañas y la estepa, donde se pueden visitar centros espaciales de la era soviética y antiguas ciudades comerciales a través de un país aún ignoto.

AL ESTE

"Los trenes por esta zona iban de este a oeste y de oeste a este". Hay que dejarse inspirar por las palabras de Chinguiz Aitmátov, uno de los autores más influyentes de Asia Central, y viajar por Kazajistán en tren.

Almaty, la antigua capital, está rodeada de montañas y mantiene la esencia del legado soviético de Kazajistán en sus barrios, conocidos como microdistritos. En ella se puede

Imprescindible

1 / Cenar en **Auyl,** en las afueras de Almaty, donde se fusionan diseño, historia y cocina neonómada.

2 / Visitar las dunas cantoras, de 3 km, del **Parque Nacional de Altyn-Emel** y escuchar el sonido que emiten la arena y el viento.

3 / Probar *beshbarmak*, un plato festivo elaborado con caballo o cordero en el restaurante **Bozjyra,** en Shymkent.

4 / Participar en los **festejos del Novruz** (o Nowruz), el Año Nuevo persa, que coincide con el equinoccio de primavera. En todas partes hay festejos, pero los de Astaná son los mejores.

caminar por el bullicioso bazar Verde, admirar la intrincada arquitectura
de la catedral de Zenkov y escuchar la llamada a la oración desde los minaretes de la mezquita Central. Al salir de Almaty, se recobra el contacto con la naturaleza. En un todoterreno se visita el cañón de Charyn, con sus formaciones rocosas de 12 millones de años. Luego se va al denso bosque del Parque Nacional de los Lagos Kolsai. Si atrae lo misterioso, las *barkhan,* las dunas cantoras del Parque Nacional de Altyn-Emel, ofrecen una sinfonía sobrenatural creada por la naturaleza.

La capital kazaja, Astaná, es conocida por su arquitectura deslumbrante y ultramoderna, pero también ofrece visitas culturales, como el teatro, el Museo Nacional o la antigua casa del poeta Saken Seyfullin.

En las tierras salvajes del Parque Nacional de Katon-Karagai, en el extremo oriental del país, se pueden explorar a caballo exuberantes valles y montañas cerca de las fronteras con Rusia y Mongolia. En el año 2021, una cámara captó al raro leopardo de las nieves, que aún habita en el parque.

EN EL CENTRO
Se puede conocer la historia de la carrera espacial soviética en el cosmódromo de Baikonur (previo permiso), aún en funcionamiento. Incluso es posible reservar un circuito de cinco días previos al día de un lanzamiento (hay unos cuatro al año).

Pastores nómadas y sus venerados caballos kazajos acampan en las estepas bordeadas de montañas **1** Cazando con águilas reales cerca de Almaty **2** Senderismo por las antiguas columnas de roca del cañón de Charyn.

© Pavel Svoboda Photography/Shutterstock. 1 © Alexandr Vlasyuk/Shutterstock 2 © Anastasiya Barbakerova/Getty Images

Almaty para mí significa montañas en torno a la ciudad. No hay un lugar donde me apetezca tanto encontrarme en cualquier época del año, a caballo o a pie, que entre las píceas de Tian Shan.

ANELY NAZARBEK
/ Amante de aire libre de Almaty

En el sur, cerca de la frontera con Uzbekistán, Shymkent es un antiguo cruce de caravanas. Hoy es la tercera mayor ciudad de Kazajistán, conocida por su comida. En ella hay que admirar el arte callejero en Suleymenova y, en abril y mayo, las montañas cubiertas de tulipanes al sur de la ciudad, donde también se disfruta de *chachlyk* (kebabs) y aire fresco. A los excursionistas les encantarán las muchas pistas del Parque Nacional de Sairam-Ugam, donde, al despertar, quizá vean animales salvajes como ciervos pastando cerca de las tiendas.

Se vuelve a tomar el tren para ir a Turkestán, una ciudad con un fuerte legado sufí. Sus mezquitas y mausoleos atraen a muchos peregrinos y lucen un estilo similar al de las ciudades de la Ruta de la Seda de Samarcanda y Bujará, en Uzbekistán.

AL OESTE
De camino el mar Caspio se descubre la ciudad de Aktau, un lugar curioso, arenoso, con olor a gas en el aire y flanqueado por tierras baldías. Se pasea por la orilla del mar, se observa el estilo callejero local y se come donde lo hacen los lugareños, en el jardín del restaurante Caravan. Cerca de

3 © Covon Images/Getty Images 4 © Hibristion/Shutterstock. 5 © Pikoso.kz/Shutterstock

5

Aktau se halla la Reserva de Ustyurt, en la profunda estepa desierta, pilares de piedra caliza y tiza en tonos rosas, azules y blancos se elevan cientos de metros. Se avistan manadas de antílopes saiga kazajos, gacelas persas y esquivos muflones. Actualmente todo lo que queda de esta antaño ajetreada etapa de la Ruta de la Seda son las ruinas de Shakhr-i-Vazir, el caravasar de Beleuli y la fortaleza de Allan, además de mausoleos y mezquitas subterráneas.

3 Gran lago glaciar de Almaty bajo los picos nevados de las montañas Tian Shan 4 Comida tradicional kazaja 5 Zenkov, la colorida catedral ortodoxa rusa de Almaty, data de la era zarista.

Cuándo ir

En primavera y otoño, a las ciudades y valles; en verano, a la montaña. Los inviernos son duros, pero el macizo de Altái es ideal para el esquí de travesía.

Cómo llegar

En avión a Almaty o en ferri de Bakú a Aktau. Las ciudades del país están bien comunicadas en tren; los soviéticos construyeron un sistema ferroviario que conecta con los países vecinos: Rusia, Kirguistán y Uzbekistán.

06

Paraguay

Imprescindible

1 / Probar la **nueva cocina paraguaya** en el restaurante Óga de Asunción, como *sashimi* de bagre, entrecot, puré de boniato o helado de yerba mate.

2 / Tomar el sol en las doradas playas de **Carmen del Paraná.**

3 / Viajar río arriba hasta el **Pantanal,** el mayor humedal tropical del mundo, a bordo del hotel flotante Siete Cabrillas desde Concepción.

4 / Pasear entre los restos de las **misiones jesuíticas** de Trinidad, Jesús de Tavarangué y San Cosme y Damián.

5 / Saltar con los aficionados al fútbol en el **superclásico** entre los principales equipos, el Olimpia y el Cerro Porteño.

Oculta en el corazón de América del Sur, Paraguay rebosa biodiversidad y un ambiente relajado y acogedor. Recompensa a los aventureros con tesoros que van desde el espinoso bosque chaqueño, habitado por jaguares y osos hormigueros gigantes, hasta pueblos pintorescos y cascadas. Además, nuevos circuitos muestran la ecléctica arquitectura de Asunción, la encantadora capital ajada por el tiempo. Al ser un país mucho menos visitado que sus vecinos Brasil y Argentina, los viajeros a menudo se hallan a solas en sus atractivos naturales y culturales. Pero esto no durará mucho: Paraguay será uno de los anfitriones de la Copa del Mundo de Fútbol de 2030.

LA MADRE DE LAS CIUDADES

Las raíces de Asunción se remontan mucho antes de la llegada de los españoles. La herencia precolombina es obvia: desde el guaraní que se oye por doquier hasta los vendedores ambulantes de tereré, yerba mate preparada con agua fría y hierbas medicinales. Por su parte, los nuevos restaurantes abogan por los ingredientes nativos. Táva abrió en el centro en el 2024 y ofrece delicias como sopa paraguaya (pan de maíz con queso) y fusiones creativas como mbeyú, una torta crujiente de mandioca con un huevo frito, ternera y *kimchi*. Chacatours, una iniciativa de local, organiza circuitos por La Chacarita, el barrio tradicional a la vera del río Paraguay, y pronto ofrecerá alojamiento en casas familiares. Una vez al mes las ruinosas mansiones de principios de siglo de la calle Palma abren sus puertas. Y la revolución de la cerveza artesanal toma impulso. Se puede probar *lagers* de Herken en el animado patio de Koggi, *weissbier* o IPA en el sencillo The Hop o *red ales, porters* y *Kölsch* en el elegante Simón Dice. En el 2025, la reconstrucción de la largamente abandonada línea férrea desde la gran y antigua terminal de trenes del centro hasta las afueras de la ciudad comenzará en serio, pero aún se tardará en poder viajar en ella.

POR EL CHACO

Aproximadamente 1 km al otro lado del río Paraguay empieza el Gran Chaco, un mosaico de pantanos, sabanas y matorrales que casi dobla a España en extensión, descrito por David Attenborough como uno de los últimos grandes espacios naturales de la Tierra. Más de una docena de pueblos indígenas (artesanos expertos y guardianes de su frágil hogar forestal) habitan desde hace mucho el Chaco, ahora más accesible a los foráneos gracias a nuevos puentes y

Los seductores Saltos del Monday 1 El ecléctico perfil de Asunción 2 Nenúfares gigantes en el Pantanal.

©Christina Fink/Shutterstock 1 ©Jover Grenc/Getty Images 2 © Lucas Leuzinger/Shutterstock

Paraguay espera ser descubierto. Es como un pueblo detenido en el tiempo, donde aún conservamos un sentido de vida comunitaria. La Chacarita es la esencia, la génesis de Paraguay, donde todo empezó.

CHRISTIAN NÚÑEZ
/ Fundador, Chacatours

3 © tane-mahuta/Getty Images 4 © Jon Schreckenhous/Getty Images

caminos. Hay cómodos hoteles en el pueblo menonita de Filadelfia, a 7 h de Asunción. En el 2020 se inauguró un centro de visitantes (que costó 230 millones de dólares) con rutas de senderismo y muestras sobre la fabulosa flora (recios quebrachos, espinosos palos borrachos con troncos abombados) y fauna (jaguares, tapires, flamencos, armadillos gigantes), parte de la cual se puede observar desde la cercana Laguna Capitán. Más al norte se halla el Parque Nacional Defensores del Chaco, por donde se debe caminar con cuidado y solo con un guía experimentado. Aquí aún viven pequeños grupos de cazadores-recolectores ayoreos, los últimos pueblos aislados de América fuera del Amazonas.

EN BUSCA DE CASCADAS

Las cataratas del Iguazú, al otro lado de la frontera con Argentina y Brasil, acaparan la atención, pero la región oriental de Paraguay acoge decenas de cascadas que ofrecen turismo de aventura, observación de fauna y aldeas atrapadas en el tiempo. Se puede hacer rápel en el Salto Cristal, una lámina de bruma vítrea sobre roca oscura, y acampar cerca de la costa en la densa selva. El Salto Inglés, que alimenta una poza con vistas,

LAS CINCO MEJORES
Fiestas paraguayas

1 / **Semana Santa:** procesión del Viernes Santo por las calles iluminadas con velas de Tañarandy antes de la misa en un altar gigante lleno de calabazas.

2 / **San Juan Ára:** los fines de semana invernales de junio se animan con partidos de fútbol y toros de papel maché.

3 / **Día de la Independencia:** Paraguay celebra su independencia los días 14 y 15 de mayo con música de arpa y danza con botellas.

4 / **Fiesta de San Blas:** el 3 de febrero los vecinos de La Chacarita portan una estatua de san Blas, patrón de Paraguay, y coronan al Rey de los Feos.

5 / **Arete Guasú:** a finales de febrero los pueblos indígenas se reúnen para beber chicha de maíz y bailar con sus antepasados.

4

debe su nombre a los ferroviarios británicos que colocaban tuberías para el repostaje de las locomotoras, que aún se conservan en la ciudad de Sapucai. El Salto Samakua cae 60 m por un acantilado; es posible contratar un guía en Capitán Bado para que lleve hasta allí. Cerca de los económicos centros comerciales de Ciudad del Este, los Saltos del Monday adquieren un tono de leche con chocolate tras las fuertes lluvias. Se necesita un vehículo robusto con el depósito lleno para llegar a algunos de estos sitios, o contratar un circuito de fin de semana con JaikuaaPy, en Asunción.

3 El Chaco de Paraguay alberga jaguares, tapires y mucho más; el fabuloso centro de visitantes de Filadelfia brinda información exhaustiva 4 El centro comercial Paseo La Galería, ejemplo de la moderna Asunción.

Cuándo ir

Lo ideal es viajar entre junio y noviembre, cuando los lapachos se llenan con sus flores rosas o amarillas y el clima es algo más fresco.

Cómo llegar

El aeropuerto Silvio Pettirossi conecta con otras capitales suramericanas y con Madrid. Si se visita Iguazú, se puede cruzar fácilmente a Ciudad del Este. De Santa Cruz, Bolivia, sale un autobús nocturno al Chaco.

Otros recursos

Historia del Paraguay, de Mary Montez, es la introducción perfecta al pasado del país. Noticias desde Paraguay, de Lily Tuck, está ambientado en la catastrófica guerra de la Triple Alianza, del s. XIX. El principal escritor del país, Augusto Roa Bastos, escribió Yo, el Supremo en el exilio.

07

Trinidad y Tobago

Imprescindible

1 / Observar aves, tortugas y caminar en el **Asa Wright Nature Centre** de Hadco Experiences, una finca de la cordillera Septentrional que acoge a entusiastas del medio ambiente de todo el mundo.

2 / Disfrutar de las olas cerúleas de Tobago con deportes acuáticos y lugares para comer en la **playa de Pigeon Point.** Probar el delicioso cangrejo al curri y los *dumplings* de **Miss Trim's.**

3 / Saborear *pizzas* italianas con ingredientes frescos, como aceite con *chadon beni* y berenjena, en **Kaiso City Pizza,** Puerto España.

4 / Visitar el panteón sagrado hindú, el **Temple in the Sea,** una colorida estructura octogonal en una calzada elevada en el golfo de Paria.

rinidad y Tobago ofrece mucho más que "sol, mar y arena". Esta república de islas gemelas con mucha historia y patrimonio es el hogar de 1,3 millones de personas de diversas etnias, identidades religiosas y culturales que viven en armonía y tienen fama de ser de lo más fiesteras. La cultura es la protagonista de esta joya del sur del Caribe. Desde los hipnóticos ritmos de la música soca en el momento álgido del carnaval hasta las delicias que hacen que todos los visitantes se conviertan en sibaritas, Trinidad y Tobago es el sueño utópico de los amantes de los viajes a todo color.

EXPLOSIÓN CULTURAL

En varias celebraciones de Trinidad y Tobago, cualquier creencia y raza encuentra igualdad, y no es solo una frase del himno nacional. Durante todo el año los visitantes tienen oportunidad de explorar un mundo moldeado por la rica amalgama de culturas, religiones e historia del país. Esta mezcla antropológica fusiona música, moda y comida, de una manera única y sin complejos.

El carnaval de Trinidad es el principal evento del calendario festivo. Es un espectáculo de meses de duración que presenta certámenes de tambores, luchas con bastones y conciertos de calipso. Este emocionante período culmina con desfiles de disfraces el lunes y martes inmediatamente anteriores a la Cuaresma. Esos dos días decenas de miles de fiesteros inundan las calles de la capital, Puerto España, y otras partes del país para divertirse con una ruidosa banda sonora de soca que suena a través de altavoces instalados en grandes camiones. Otro festival es el Hosay, una celebración musulmana indo-caribeña en la que se llevan en procesión mausoleos o tumbas gigantes, conocidos como *tadjah,* y se dejan en el mar como lugar de descanso final. El Phagwah, o Holi, es el festival hindú de los colores, en el que se juega alegremente con polvos de vivos colores llamados *abir* para representar el triunfo del bien sobre el mal.

DONDE LA NATURALEZA IMPORTA

Al otro lado de la bulliciosa escena festiva, el turismo sostenible cada vez constituye un atractivo más popular para escapadas tropicales serenas, limpias y verdes. Han resurgido atracciones ecológicas que enriquecen la experiencia del visitante e insuflan nueva vida a las comunidades más pequeñas.

Ibis escarlata en los manglares del pantano Caroni de Trinidad **1** Crías de tortuga laúd se dirigen hacia el mar en Grande Riviere, Trinidad **2** Participantes del carnaval de Trinidad y Tobago, Puerto España.

© Marvin Mecawowaki/Shutterstock 1 © Eduction Images/Getty Images 2 © John de la Bastide/Getty Images

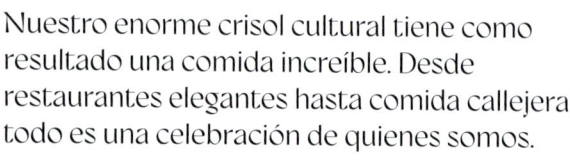

Nuestro enorme crisol cultural tiene como resultado una comida increíble. Desde restaurantes elegantes hasta comida callejera, todo es una celebración de quienes somos.

CHEF BRIGETTE JOSEPH
/ Asesora culinaria y hotelera

En la localidad de Grande Riviere se halla uno de los principales puntos de anidación de tortugas laúd del mundo. Los vecinos crearon una asociación para protegerlas patrullando la playa por la noche contra los cazadores furtivos y empezaron a ofrecer circuitos turísticos. Como resultado, han surgido más lugares y Grande Riviere goza de una pequeña escena turística que beneficia tanto a los lugareños como a las tortugas.

DELICIOSA FANTASÍA GASTRONÓMICA
Si se tiene un antojo, casi seguro que en Trinidad y Tobago se encontrará una variación de ese plato que se busca. Con influencias culturales de las comunidades africana, asiática oriental, francesa, española, inglesa, holandesa, china e indígena, su gastronomía es tan amplia como sabrosa. Restaurantes como Freebird, en el sur de Trinidad, brindan experiencias fabulosas de la granja a la mesa, y entre las opciones de Tobago se cuenta Seahorse Inn, un paraíso de pescado y marisco que se

3 © Fj.lerch/Shutterstock. 4 © Chelsea Sampson/Getty Images. 5 © John Harper/Getty Images

5

completa con las relajantes olas de la playa cercana. Por su parte, la avenida Ariapita, en Puerto España, ofrece una oferta más informal de comida para llevar. Con platos como las pitas mixtas de pollo y cordero de Hassan Gyros o la delicia nacional llamada *doubles* (sándwich de garbanzos al curri) que sirve Sauce Team, los visitantes pueden disfrutar de una gran variedad las 24 h del día, agradables tanto para el paladar como para el bolsillo.

3 Puesto de frutas en Scarborough, la capital costera de Tobago 4 En sitios como el Asa Wright Nature Centre se pueden ver aves coloridas como el mielero cerúleo 5 La playa de Pigeon Point, Tobago.

Cuándo ir

Como casi todos los países del Caribe, Trinidad y Tobago es un destino ideal todo el año. La temporada de lluvias va de junio a noviembre y, aunque es la época de huracanes, las precipitaciones no son tan intensas como para arruinar la estancia. La estación seca va de diciembre a junio.

Cómo llegar

El aeropuerto internacional de Piarco es el centro de vuelos internacionales de Trinidad. A Tobago se llega por aire (aeropuerto internacional A. N. R. Robinson) o en el ferri interinsular.

Otros recursos

Una obra que ilustra exhaustivamente la complejidad histórica de las islas es *Un lugar en el mundo* del premio Nobel V. S. Naipaul.

08

Vanuatu

OCÉANO
PACÍFICO
SUR

Luganville

Isla de
Malekula

Cascadas de Mele
Port Vila
Laguna Azul

MAR
DEL CORAL

Isla de Tanna
Volcán Yasur

Imprescindible

1 / Ver salir flujos de lava del borde del **volcán Yasur,** en la isla de Tanna.

2 / Probar **la bebida típica de Vanuatu,** *kava,* en un bar de cualquier isla.

3 / Bucear en famosos pecios y arrecifes de coral o chapotear en la **laguna Azul** y las **cascadas de Mele** de la isla de Éfaté.

4 / Vivir la **rica mezcla de tradiciones culturales,** desde el peculiar festejo del Día de John Frum en la isla de Tanna hasta los dibujos en la arena de la isla de Malekula en mayo.

M agia, misticismo y *kastom* (cultura tradicional) se encuentran en este salvaje y accidentado archipiélago de 83 islas, la nación con mayor diversidad lingüística per cápita del mundo. La crudeza de Vanuatu, a menudo escapa a los viajeros, que optan por islas más desarrolladas del Pacífico, pero es la clave de su atractivo. Entre inmersiones en pecios, rituales antiguos y el espectáculo de la lava arrojada por un volcán activo, los visitantes disfrutan cada vez de más comodidades modernas. El plan nacional de desarrollo sostenible prioriza la protección de la naturaleza para las generaciones futuras, así que resulta fácil dejar un impacto leve.

PAÍS FELIZ

El año 2025 se cumple una década desde que uno de los peores ciclones que azotó

el Pacífico Sur arrasara Vanuatu. El ciclón Pam no fue el primer desastre natural que sufrió el país, ni será el último. Y, pese a estas adversidades, esta pequeña nación de solo 300 000 habitantes encabeza la clasificación del Índice del Planeta Feliz. Resulta más fácil entender por qué cuando se aterriza en Port Vila, en la isla principal de Éfaté. Acurrucada entre un deslumbrante puerto natural y una laguna turquesa de ensueño, Vila es quizá la capital con una ubicación más idílica del mundo. El ritmo es lento; la bienvenida, cálida y el entorno, relajante. A pesar de las tormentas de todo tipo sufridas en los últimos años, hay mucho por lo que sentirse feliz.

TIERRA ANTIGUA, CULTURAS ANTIGUAS

Vanuatu está cubierto de jungla, bordeado por playas desiertas, salpicado de volcanes y rodeado de senderos pintorescos. Pero quizá lo más memorable del viaje sea conocer las ricas y diversas culturas de los ni-vanuatu (pueblo melanesio de Vanuatu, también llamado ni-van). Desde las tribus *kastom* de la isla de Tanna, que conservan su antiguo estilo de vida en un mundo moderno (y la veneración por el difunto duque de Edimburgo), hasta la cautivadora danza de la serpiente Ra interpretada por los hombres de la isla de Ra, en las islas Banks, no faltan las oportunidades para una inmersión cultural. En Port Vila se puede experimentar la cultura ni-van, pues el *kastom* tiene un papel importante en la vida cotidiana de la mayoría de los lugareños, y es el mejor lugar para descubrir las numerosas influencias cultura-

Kayak en el Matevulu Blue Hole, isla de Espíritu Santo
1 Idílico alojamiento junto al mar en bungalós sobre el agua
2 Tradicional danza *kastom* ante el volcán Yasur, isla de Tanna.

© Defuncus stran/Shutterstock **1** © Samantha Bailey/Getty Images **2** © Paulharding00/Shutterstock

Me encanta comprar fruta y verdura en el mercado de Port Vila, son de cultivo biológico y muy frescas. También compro a menudo rollitos de mandioca (masa de yuca rellena de carne); ¡son mis favoritos!

BEVERLY TEAHIU
/ Guía turística local

3. © Mark and Anna Photography/Shutterstock

les, incluidas la francesa y la británica, que han contribuido a moldear desde la cocina vanuatense hasta el idioma principal, el bislama, que se desarrolló en un período oscuro de la historia de Vanuatu, cuando los británicos esclavizaron a los ni-van para trabajar en plantaciones de Australia y otros lugares. Este idioma común contribuye a unir una nación con más de 130 grupos lingüísticos.

LOS CINCO MEJORES
Enclaves de buceo

1 / **SS _President Coolidge_:** uno de los pecios más grandes y accesibles del mundo, frente a Espíritu Santo.

2 / **Isla de Tanna:** con solo un centro de buceo en la isla, en el White Grass Ocean Resort & Spa, se puede disfrutar a solas de los dos agujeros azules con incrustaciones de coral de Tanna.

3 / **Million Dollar Point:** un cementerio de material militar de la II Guerra Mundial en Santo, abandonado por la Marina de EE UU.

4 / **Arrecife de Owen:** frente a Éfaté, este vibrante arrecife alberga una enorme diversidad de corales.

5 / **Arrecife de Cindy:** de fácil acceso desde Santo, este arrecife es otro imán para los amantes del coral.

NUEVOS COMIENZOS
Vanuatu salió hace poco de la clasificación oficial que lo situaba como uno de los países menos desarrollados del mundo, un hito alcanzado por muy pocas naciones en los últimos 40 años. Si bien la falta de desarrollo es uno de sus encantos, una serie de aperturas y mejoras turísticas recientes y futuras mejoran la visita. Cerrado desde la pandemia, el Ratua Private Island Resort, en la isla de Espíritu Santo, brindó a sus huéspedes una de las estancias más lujosas y de bajo impacto en Vanuatu en el 2024. Este resort sin ánimo de lucro ofrece alojamiento a solo 42 huéspedes en 13 villas javanesas restauradas, a las que la brisa del mar proporciona aire acondicionado, y su carta emplea productos orgánicos locales.

4

5

Moso Dream Tours & Transfers es un nuevo proyecto de gestión y propiedad local que ofrece aventuras en la isla de Éfaté, mientras que en la isla de Tanna el White Grass Ocean Resort & Spa, con el único centro de buceo de la isla, ha estado trabajando con el Departamento de Pesca de Vanuatu para establecer una zona marina protegida con el fin de preservar el arrecife que bordea la isla y su fascinante ecosistema.

3 Escultura de madera de deriva en la costa de Port Vila
4 Resort junto a la playa, isla de Éfaté 5 Cascadas de Mele, en Éfaté, cerca de Port Vila.

Cuándo ir

Con solo 45 000 turistas anuales, Vanuatu nunca está abarrotado en la temporada alta (y seca), de abril a septiembre. Los sábados entre abril y junio en la isla de Pentecostés se celebra el antiguo ritual del naghol (buceo de tierra) que inspiró el *puenting* moderno. Las islas Maskelyne acogen dos días de julio el Festival de Arte y la regata de canoas de Maskelyne.

Cómo llegar

Hay vuelos directos a Vanuatu desde Australia (Brisbane, Sidney y Melbourne), Nueva Zelanda (Auckland), Fiyi (Nadi), Nueva Caledonia (Numea) y Honiara (Islas Salomón).

09

Eslovaquia

Con unos vecinos tan famosos como la República Checa y Austria, es fácil pasar desapercibido. Eslovaquia, que tiene fronteras con cinco países y conexiones ferroviarias con toda Europa, se ha considerado mucho tiempo una escala rápida, si es que llegaba algún viajero. Pero con monumentos históricos renovados, un impulso al ecoturismo y el renacimiento de su zona oriental, Eslovaquia está lista para ser un destino estelar. Este país sin salida al mar, con montañas elevadas y ciudades repletas de arte, goza de una distintiva mezcla arquitectónica y de una belleza natural bien protegida.

LA GRAN RENOVACIÓN DE BRATISLAVA

Eslovaquia tiene todos los encantos propios de Europa Central: torres de iglesias góticas, castillos cimeros y galerías pintorescas. De cara al año 2025, estos tesoros culturales lucen un mejor aspecto que nunca, sobre todo en la capital, Bratislava, donde han desaparecido los

Imprescindible

1 / Admirar la arquitectura brutalista del **edificio de la Radio Nacional Eslovaca** de Bratislava o el **Museo del Levantamiento Nacional Eslovaco** de Banská Bystrica.

2 / Hacer una excursión con raquetas de nieve por el **Alto Tatra** o trepar por escaleras sobre cascadas en el **Parque Nacional de Slovenský Raj.**

3 / Ver maravillas subterráneas, como la estalagmita más grande de Europa en la **cueva de Krásnohorská** y el deslumbrante interior helado de la **cueva de hielo de Dobšinská.**

4 / Disfrutar de las vistas panorámicas del restaurante giratorio Veža, en la **torre de televisión de Kamzík** o cenar en el icónico **edificio UFO,** ambos en Bratislava.

andamios tras la restauración de varios edificios emblemáticos. La rehabilitación de la Galería Nacional de Eslovaquia ha sido galardonada, ha renovado su patio y galerías interiores, y el puente Dedeček (una controvertida reliquia de la década de 1970) es ahora un elegante espacio contemporáneo lleno de luz. En el casco antiguo, se ha restaurado la puerta de Miguel, la única de las cuatro puertas medievales de Bratislava que se conserva. En la antaño destartalada Námestie Slobody (plaza de la Libertad) se ha reparado la pieza central, la fuente Družba, una escultura en forma de flor que ha estado fuera de servicio 16 años. La fuente ha transformado la plaza en un popular lugar de encuentro. También hay novedades arquitectónicas, como la próxima ampliación del proyecto residencial Sky Park de Zaha Hadid y la torre de observación Devínska Kobyla, situada 11 km al noroeste de Bratislava. Este mirador, que se eleva 20 m y cuya forma se inspira en una mantis religiosa, permite contemplar los campos y bosques de Eslovaquia, además de las vecinas Austria y la República Checa.

ECOTURISMO EN ESLOVAQUIA

Eslovaquia ha ido ganando posiciones en la clasificación de ecoturismo y en el Índice de Viajes Sostenibles 2023 de Euromonitor obtuvo el sexto lugar. Los nueve parques nacionales del país deslumbran con sus lagos, hayedos y prados de flores silvestres que cubren las laderas de los Cárpatos. La naturaleza dormita seis meses durante los

Aguas tranquilas en Štrbské Pleso, un balneario del Alto Tatra **1** Catedral de San Martín dominando el paisaje de Bratislava **2** La primavera en el Alto Tatra desvela picos verdes y coloridas flores silvestres.

© Jaroslav Sekeras/Shutterstock 1 © RossHelen/Getty Images 2 © Kievion Ivan/Shutterstock

Durante la década de 1970 hubo muchos proyectos utópicos y casi ninguno se completó. Arquitectura como la del edificio UFO de Bratislava es un recuerdo de la era de la carrera espacial, cuando se creía que todo era posible.

BRANO CHRENKA
/ Cofundador, Authentic Slovakia Tours

cierres invernales de las rutas de senderismo en los Tatra, la cordillera que separa Eslovaquia de Polonia. Durante la temporada de senderismo, se puede viajar en el ferrocarril eléctrico Tatra, que va de la lacustre ciudad balneario de Štrbské Pleso a la localidad de montaña de Tatranská Lomnica. En Bratislava, la Reserva Natural del Vydrica alberga bosques cubiertos de musgo y arroyos. En la región norte de Pieniny existe el proyecto de crear una ruta turística ecológica que pasará por 12 manantiales de aguas minerales. Y en la región vinícola del sureste de Eslovaquia, el alojamiento en las copas de los árboles en Malá Bara ofrece una combinación única: beber vino dulce Tokaj en un entorno boscoso.

RENACIMIENTO CULTURAL DEL ESTE DE ESLOVAQUIA
Además de la región vinícola, en el este de Eslovaquia abundan las atracciones singulares. Sus 18 lugares protegidos por la Unesco, desde el colosal castillo de Spiš hasta las minúsculas iglesias de madera del s. XVIII, quedan a 2 h en coche de Košice, la segunda ciudad más oriental del país. Además, gracias al proyecto OMG (Open Mural Gallery), ahora 30 obras

3 © La Pica de Grallo/Stocksmo/Alamy 4 © kaldera/Getty Images 5 © TomasSereda/Getty Images

5

de arte callejero embellecen la ciudad.
Košice cuenta con el Tabačka Kulturfabrik,
un centro con bares, salas de conciertos,
galerías y espacios de *coworking*. En el
cercano parque de la ciudad, se ha resca-
tado un edificio *art nouveau* de 1909 y se
ha transformado en el complejo de cinco
estrellas Villa Sundy. Y 110 km al noreste de
Košice, en Medzilaborce, el Museo de Arte
Moderno Andy Warhol se ha renovado por
completo. Situada cerca del pueblo natal
de los padres de Warhol, la galería tiene
prevista su reapertura a finales del 2024,
otra de las muchas sorpresas que aguardan
en Eslovaquia.

3 La renovada Galería Nacional de Eslovaquia, en Bratislava
4 Teleférico al pico Lomnický desde Tatranská Lomnica
5 En una excursión de un día desde Bratislava se puede visitar
el histórico castillo de Devin, así como la cercana torre
de observación Devínska Kobyla.

Cuándo ir

Entre mayo y octubre llegan los excursionistas;
las mejores condiciones se dan a principio y
final de temporada. En primavera se disfruta de
las campanillas azules, y en septiembre y octubre de un clima más fresco y colores otoñales.
En diciembre empieza la temporada de esquí
en el Alto Tatra, y los mercados navideños
brillan en Bratislava y Košice.

Cómo llegar

Con el aumento del turismo, no sorprende
que aerolíneas de bajo coste como Ryanair y
Wizz Air hayan abierto rutas directas entre el
Reino Unido y Batislava y Poprad, la puerta
de entrada de Eslovaquia a los Tatra. Desde
España hay que hacer escalas. O coger un tren
nocturno diario que va de Bruselas a Viena,
que queda a menos de 1 h en tren de Bratislava.

10

Armenia

Imprescindible

1 / Visitar los **monasterios reconocidos por la Unesco** de Geghard, Haghpat y Sanahin, así como el de Noravank y el **templo de Garni,** de 2000 años.

2 / Degustar **platos tradi-cionales** como *tolma* (hojas de parra rellenas de ternera), *gha-pama* (calabaza rellena), *lavash* (pan plano) y *khorovats* (carne a la parrilla) en Lavash, Ereván, y probar la *pizza* del oeste de Armenia en Lahmajun Gaidz.

3 / Visitar el **Museo del Genocidio Armenio** en Ereván; en el 2025 se conmemora el 110° aniversario del inicio del genocidio.

4 / Pasear por los alrededores de Diliján entre flores silvestres en primavera y ver el bellamente restaurado **monasterio de Haghartsin.**

La nación cristiana más antigua del mundo, con una civilización que se remonta miles de años, Armenia tiene mucho pasado, pero su futuro es prometedor. Tradicionalmente, los viajes a esta nación del sur del Cáucaso se centraban en sus fabulosos monasterios, pero ahora hay mucho más. El país atesora rutas maravillosas, como el nuevo Sendero Nacional Armenio, y sus vinos merecen un brindis con una copa de Areni Noir. Hace unos años países como Albania y Georgia acapararon la atención; ahora le toca a Armenia.

RUTAS DE SENDERISMO
Las montañas y valles poco poblados de Armenia son ideales para el senderismo. Además, por el camino hay muchos

pueblos bonitos encantados de ofrecer al viajero *khorovats* (carne a la parrilla) y un lugar donde acampar. Inaugurado en el 2024, el Sendero Nacional Armenio, de

1000 km, cruza el país a lo largo y sigue caminos similares al Sendero Transcaucásico, un proyecto que unirá Armenia con Georgia y Azerbaiyán. Con la aplicación HikeArmenia se pueden encontrar tramos de cualquiera de las rutas, así como otras más cortas, aunque espectaculares, que pasan por picos coronados por monasterios. O se puede alquilar un coche y salir de las rutas habituales. Hacia el sur, desde la capital, Erevón, se encontrarán caminos de la Ruta de la Seda con caravasares y un terreno poco visitado por el paso de Meghri hasta la frontera iraní. Otra opción es ir a las ciudades que bordean el gigantesco cañón de Debed, donde las matriarcas de las pensiones enseñan a hornear *gata* (pastel relleno dulce). Los *marshrutka* (taxis compartidos) de la era soviética son otra opción para explorar si no se quiere conducir, aunque solo salen cuando están llenos.

MÁS QUE MONASTERIOS

Unos cientos de años después de la muerte de Jesucristo, un cristiano llamado Gregorio el Iluminador curó al rey armenio Tiridates III, lo que llevó a este a convertir su reino a la religión, por lo que fue la primera nación cristiana del mundo. Armenia está salpicada de miles de maravillosos monasterios que pertenecen a la Iglesia católica apostólica armenia y que deberían estar en la lista de visitas obligadas de todo viajero, aunque hay mucho más. Se puede volar sobre un desfiladero con el teleférico más largo del

El magnífico volcán de cuatro picos del monte Aragats, el punto más alto de Armenia **1** Vista de Erevón **2** Relicario en la Sede Madre de la Santa Echmiadzin, en Vagharshapat, que se dice que contiene un fragmento del Arca de Noé.

© Tigran Hayrapetyan/Getty Images 1&2 © Justin Foulkes/Lonely Planet

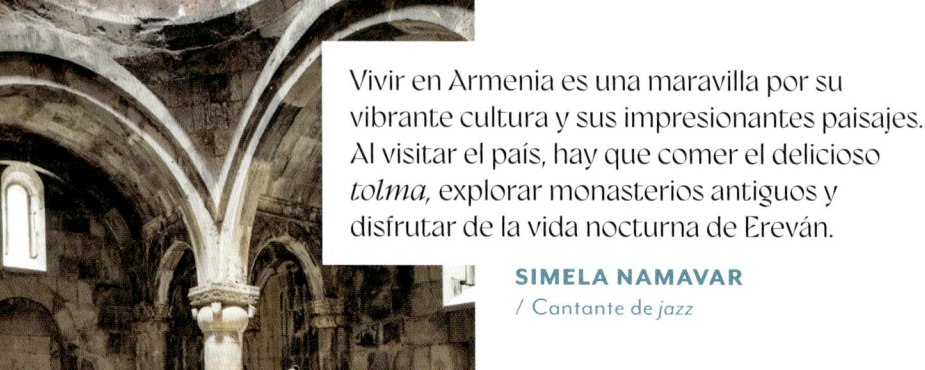

Vivir en Armenia es una maravilla por su vibrante cultura y sus impresionantes paisajes. Al visitar el país, hay que comer el delicioso *tolma,* explorar monasterios antiguos y disfrutar de la vida nocturna de Ereván.

SIMELA NAMAVAR
/ Cantante de *jazz*

mundo, Wings of Tatev; admirar la arquitectura de toba en Gyumri y Goris; esquiar en invierno en la nueva estación de montaña de Myler; y flotar sobre la plaza de la República en Ereván durante el Festival Internacional de Globos. Y si gusta la arquitectura soviética, también abunda; destacan los telescopios de Byurakan y los almacenes abandonados de Alaverdi.

PRÓXIMO DESTINO VINÍCOLA
En la época de la URSS, Armenia era responsable de elaborar brandi, uno muy bueno del que gustaba Winston Churchill. Pero las uvas armenias tienen una historia más larga. En el 2007 los arqueólogos hallaron cerámica vinícola de más de 6000 años de antigüedad, lo que convirtió al país en el orgulloso propietario de la bodega más antigua del mundo. Desde entonces, el vino armenio y las variedades de uva antiguas han inspirado a decenas de nuevos productores, que elaboran caldos deliciosos con técnicas modernas y naturales. El vino armenio recibe numerosos galardones y el país

3 © Justin Foulkes/Lonely Planet 4 © Mehmet O/Shutterstock 5 © YuliaGr/Getty Images

5

albergó en el 2024 la Conferencia Mundial de Enoturismo de la OMT. El lugar clave es la región de Areni: Momik WineCube, Trinity Canyon y Old Bridge son viñedos fabulosos, y en octubre se celebra el Festival del Vino de Areni. Se puede ir a los bares de la calle Saryan, en la capital, y disfrutar de los Días de Vino de Ereván en junio. Al norte, cerca de Diliján, Ijevan Wine Factory ofrece interesantes circuitos y acaba de construir la sala de cata más grande del país, así como un molino tradicional que produce harina para el pan plano tradicional, el *lavash*.

3 Interior del monasterio de Sanahin, Patrimonio de la Humanidad de la Unesco 4 El tradicional *gata* armenio, un delicioso híbrido de pan y pastel 5 Monasterio de Khor Virap, al sur de Ereván, al pie del monte Ararat.

Cuándo ir

El inicio del verano es ideal, con temperaturas agradables y la fiesta del agua de Vardavar. En invierno se puede esquiar y visitar los lugares culturales de Ereván y los balnearios de Jermuk.

Cómo llegar

Casi todos los vuelos pasan por la capital, Ereván. Están abiertos los cruces fronterizos por carretera con Irán y Georgia. Desde este último, se puede tomar un tren procedente de Tiflis o Batumi para disfrutar de un viaje histórico, pero lento.

Otros recursos

Se aconsejan las películas del cineasta psicodélico Serguéi Parajanov y el armenio-canadiense Atom Egoyan; escuchar al cantante armenio-francés Charles Aznavour; y leer *Operation Nemesis: The Assassination Plot that Avenged the Armenian Genocide* de Eric Bogosian.

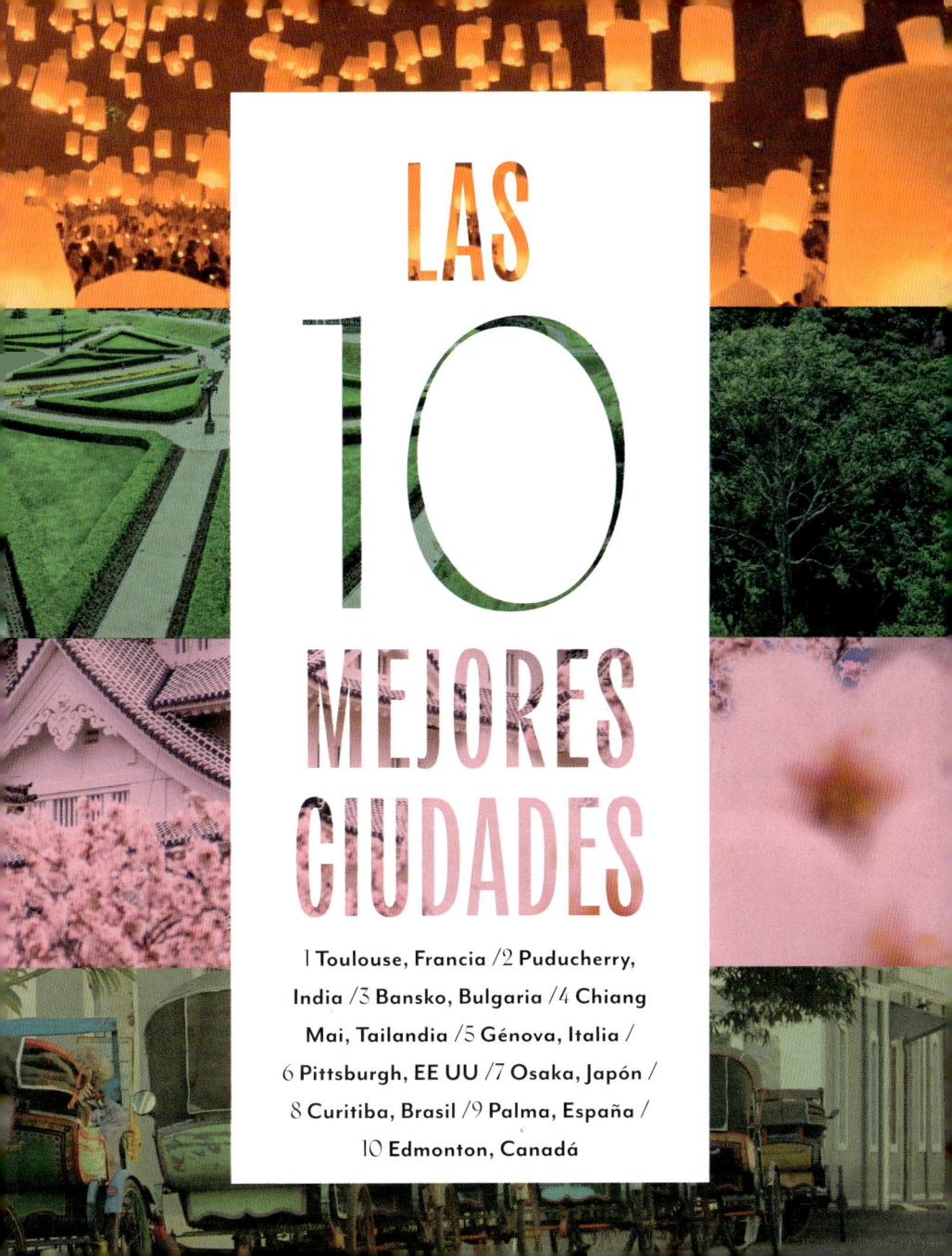

LAS 10 MEJORES CIUDADES

1 Toulouse, Francia / 2 Puducherry, India / 3 Bansko, Bulgaria / 4 Chiang Mai, Tailandia / 5 Génova, Italia / 6 Pittsburgh, EE UU / 7 Osaka, Japón / 8 Curitiba, Brasil / 9 Palma, España / 10 Edmonton, Canadá

01

Toulouse,
FRANCIA

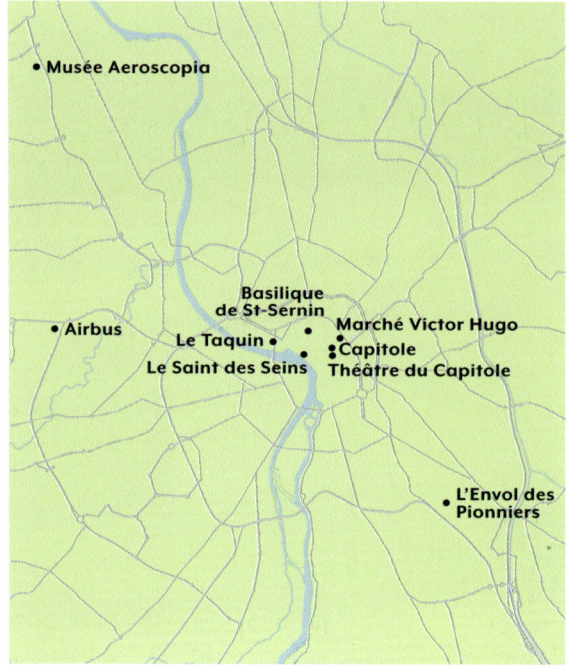

- Musée Aeroscopia
- Airbus
- Basilique de St-Sernin
- Le Taquin
- Le Saint des Seins
- Marché Victor Hugo
- Capitole
- Théâtre du Capitole
- L'Envol des Pionniers

Imprescindible

1 / Disfrutar de un concierto en **Le Saint des Seins**, *jazz* en **Le Taquin** o música clásica en **Théâtre du Capitole** en esta Ciudad de la Música de la Unesco.

2 / Realizar un circuito arquitectónico que incluya la románica **Basilique de St-Sernin** y el neoclásico **Capitole**.

3 / Sumergirse en el incomparable patrimonio de la aviación de Toulouse en el **Musée Aeroscopia, L'Envol des Pionniers** y **Airbus**.

4 / Aprovisionarse para un pícnic en el **Marché Victor Hugo** o almorzar un *cassoulet* en algún local del mercado cubierto.

G alerías de arte en locales industriales reconvertidos, una vibrante escena de cafés, cocina excepcional y *flânerie* por las soleadas orillas de ríos y canales hacen de este "París en miniatura" un atractivo destino de fin de semana. Toulouse está en auge (se calcula que su población aumentará en 90000 habitantes en la próxima década), así que ahora es el momento de disfrutar de su cautivador *art de vivre*.

NUEVAS OPCIONES CULTURALES

Desde volar a la luna en un simulador que imita las sensaciones físicas que experimenta un astronauta en el museo espacial Cité de l'Espace hasta buscar talleres donde los artesanos recuperan el arte medieval del teñido con glasto para crear todos los tonos de azul, las propuestas culturales de Toulouse sorprenden y deleitan.

En otoño del 2025 reabrirá el Musée des Augustins tras años de mejoras. En un complejo conventual del s. XIV, con claustros y ecos de la vida monástica de antaño llenando sus galerías, el museo es el bastión del arte de Toulouse desde 1795. Y una nueva y estimulante museografía hará que su excepcional colección de tallas y esculturas, que abarca del s. XIII a principios del s. XX, sea también accesible para los visitantes con discapacidades, y rutas innovadoras por las exposiciones arrojarán nuevas perspectivas sobre antiguas obras maestras.

En el 2024 ha reabierto la Fondation Bemberg en un *hôtel particulier* (mansión) renacentista construido en 1562 para el mercader Pierre II d'Assézat, que hizo fortuna en Toulouse comerciando con glasto. Acoge desde obras de Cranach hasta pinturas postimpresionistas, cerámica, mayólica, esmalte, marquetería y otros *objets d'art*. Los 'viejos' espacios artísticos –Les Abattoirs Musée-Frac Occitanie Toulouse, Galerie Le Château d'Eau, Espaces EDF Bazacle– siguen siendo tan vanguardistas como cuando abrieron en un matadero renovado, una antigua torre de agua y una central hidroeléctrica reconvertida, respectivamente.

EPICUREÍSMO CONTEMPORÁNEO

Toda visita a Francia debe incluir su deliciosa cocina tradicional. En Toulouse se encontrarán bistrós que preparan humeantes cuencos de *cassoulet* (guiso de pato, salchicha y alubias), mercados repletos de productos de temporada del soleado suroeste y la santísima trinidad de pato,

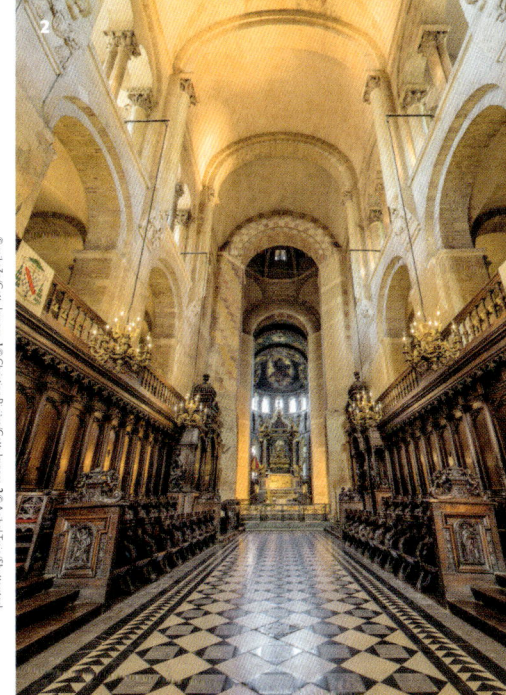

Couvent des Jacobins y el paisaje urbano coralino de Toulouse **1** El Jardin des Plantes, de 200 años de antigüedad, ofrece un respiro del bullicio del centro **2** Sillería del coro y altar de la románica Basilique de St-Sernin.

© saiko3p/Getty Images **1** © Christian Riviere/Getty Images **2** © Anibal Trejo/Shutterstock

El Minotauro mecánico de 9 m de altura es una figura emblemática que encaja con la imagen de Toulouse, una ciudad laberíntica con increíbles proyectos culturales, patrimonio y comida fabulosa.

FRANÇOIS DELAROZIÈRE
/ Director artístico, Halle de la Machine

saucisse de Toulouse (salchicha de cerdo) y brandi de Armañac. Los chefs innovan en Les Halles de la Cartoucherie, que abrió en el 2023 en una fábrica de munición reconvertida en zona de restauración, espacio de coworking y sala de conciertos.

COMO UN 'FLÂNEUR' FRANCÉS
Aunque los tolosanos esperan con ansia la inauguración de la tercera línea de metro en el 2025, para los visitantes de fin de semana, el típico flânerie (callejear sin rumbo) sigue siendo la mejor manera de desplazarse. Este antiguo baluarte romano fue reconstruido con ladrillos rosados, de ahí su sobrenombre de La Ville Rose (Ciudad Rosa), en el s. XVII, y la mejor manera de conocerlo es paseando por las arboladas orillas del río Garona y el Canal du Midi, una vía fluvial en la lista de la Unesco que atraviesa Toulouse en su ruta de 360 km por Francia desde el Mediterráneo hasta el Atlántico. Hay que perderse en la maraña de calles sin tráfico del Vieux Quartier (casco antiguo) y entre los cafés llenos de

3 © SolStock/Getty Images 4 © Tupungato/Shutterstock 5 © BestPhotoStudio/Shutterstock

5

estudiantes de Place du Capitole. O ver una curiosa colección de criaturas mecánicas gigantes dando un paseo desde su sede en Halle de la Machine y desear que se repita la fabulosa ópera callejera urbana que su compañía de teatro representó a finales del 2024. Se aconseja deambular para empaparse del caleidoscopio de rojos, rosas y ámbares salpicados por la luz del sol, y sentir el ritmo de esta ciudad cautivadora, a veces peculiar y poco conocida del sur de Francia.

3 Comida y vino al aire libre en un *château* de Toulouse
4 Vida urbana en el barrio de Capitole 5 Musée de l'Histoire de la Médecine, a orillas del Garona.

Cuándo ir

En primavera las mesas de los cafés ocupan las plazas y los mercados rebosan de fresas, espárragos y alcachofas. Se puede ir en barco o en bicicleta por el canal y en kayak o canoa por el río de junio a septiembre. El verano es temporada de festivales.

Cómo llegar

Hay vuelos desde decenas de ciudades europeas al aeropuerto de Toulouse-Blagnac, 7 km al noroeste del centro, comunicado por autobús y taxi.

Otros recursos

Antoine de Saint-Exupéry, uno de los primeros aviadores de Toulouse, novelista y célebre autor de *El principito*, evoca la emoción, el peligro y la naturaleza solitaria de volar en su novela *Tierra de hombres*.

02

Puducherry,
INDIA

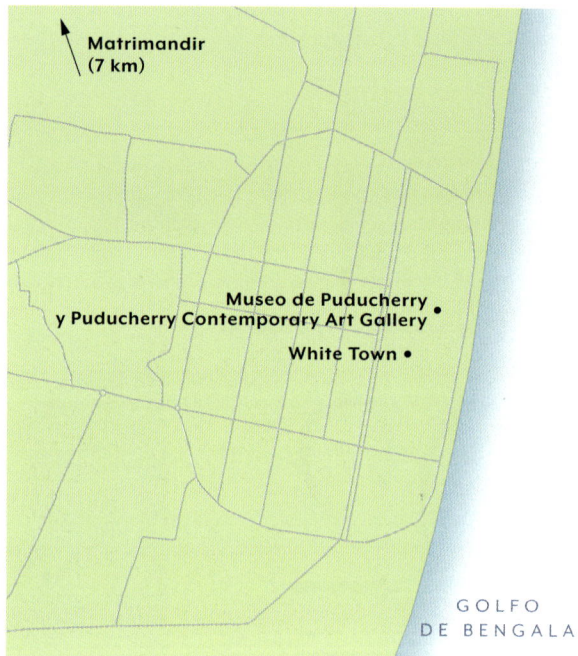

Matrimandir
(7 km)

Museo de Puducherry
y Puducherry Contemporary Art Gallery

White Town

GOLFO
DE BENGALA

Imprescindible

1 / Pasear por el histórico barrio de **White Town**, con sus edificios en tonos pastel que recuerdan a la Riviera francesa.

2 / Visitar las exposiciones temporales de la **Puducherry Contemporary Art Gallery,** de gestión gubernamental e inaugurada en el 2022.

3 / Ver objetos de los imperios Chola y Vijayanagar junto con antigüedades francesas en el **Museo de Puducherry.**

4 / Dirigirse al norte, hacia Auroville, para ver el dorado **Matrimandir,** un templo panreligioso donde meditar y concentrarse.

Sobre el golfo de Bengala, en el sureste de la India, Puducherry (anteriormente Pondicherry) hace tiempo que atrae a los visitantes con su arquitectura gala –vestigio del pasado de la ciudad como colonia francesa intermitente hasta 1954– y sus templos, iglesias y centros espirituales. También es la ciudad más cercana a Auroville, un experimento espiritual panreligioso con residentes procedentes de todo el mundo. Ahora, gracias a un vasto proyecto para recuperar las playas de arena erosionadas por el mar, Puducherry se está reinventando también como destino para los amantes de la arena y el surf.

LITORAL RECUPERADO

Si bien Puducherry tiene todos los elementos de una escapada costera, las últimas tres décadas faltaba algo clave: una

playa. Las franjas arenosas de costa que bordeaban la ciudad desaparecieron a principios de la década de 1990 por efecto (inesperado) de la construcción en 1989 del puerto. Hasta hace poco los visitantes de Puducherry tenían que salir de la ciudad para poder disfrutar de un día de playa o limitarse a recorrer el paseo marítimo de 1,2 km, separado del golfo de Bengala por un malecón al que se llamó Rock Beach. Gracias a los esfuerzos conjuntos del gobierno local y el Instituto Central de Investigación de Pesquerías Marinas de la India, se está recuperando la costa arenosa de la ciudad, en gran parte mediante arrecifes artificiales diseñados para remodelar el litoral y atraer peces a la zona, un regalo para los pescadores. Aunque caminar por el paseo marítimo de Rock Beach, algodón de azúcar en mano, aún es una forma popular de pasar el rato, sobre todo al atardecer, ya hay nuevos tramos de playas de arena, como la adecuadamente llamada New Beach. Un vasto proyecto de instalación de arrecifes en los años 2023-2024 espera recuperar más arena para que Puducherry recobre su gloria playera.

EN BUSCA DE ESPIRITUALIDAD

Aunque la mayoría de los residentes de Puducherry son hindúes, hay una nutrida población católica y las majestuosas iglesias y catedrales de la ciudad son parte de su esplendor. Destaca la catedral de la Inmaculada Concepción, del s. XVIII, un imponente edificio blanco con detalles en amarillo y esculturas de ángeles. Igual de vistosa, Nuestra Señora de los Ángeles atesora una fachada neoclásica de un suave tono coralino con columnas gemelas

© Jean-Yves Benedeyt/Shutterstock 1 © Kiran Sharma/Shutterstock 2 © Alankit Thapa/Shutterstock

Encanto galo en el barrio francés de Puducherry **1** Toque de color en las calles de la ciudad **2** La espléndida catedral jesuita de Nuestra Señora de la Inmaculada Concepción.

Puducherry está arraigado en su pasado y es cosmopolita a la vez, con el ritual milenario del *kolam,* partidas de petanca junto a la bahía, las campanas de las iglesias y artistas experimentales todo en un solo lugar.

SID SAIKIA
/ Hostelero, Gratitude Heritage

3 © Vyas Abhishek/Shutterstock 4 © Dinodia Photo/Getty Images 5 © Sohan Frédéric/Getty Images

flanqueando la entrada. En el interior, pilastras corintias sostienen su enorme techo.

Pese a la abundancia de iglesias, Puducherry es una ciudad hindú. De hecho, el viajero topará enseguida con algún un templo dravídico coronado por una *vimana* (torre) cónica y adornado con esculturas de vivos colores de entidades y animales etéreos. Entre los más populares se cuenta el centenario Manakula Vinayagar, en el barrio de White Town. Está dedicado a Ganesh, el dios con cabeza de elefante del panteón hindú, y alberga numerosos frisos coloridos que representan distintas escenas mitológicas.

Otro lugar destacado es el *ashram* de Sri Aurobindo, fundado por el político convertido en yogui Sri Aurobindo y su colaboradora francesa, Mirra Alfassa, conocida como "La Madre". Los aspirantes llegan para practicar el yoga integral propio de este centro; los turistas pueden realizar una visita de 3 h por él y por los talleres artesanales que lo sustentan. La Madre también impulsó el establecimiento de Auroville, una comunidad intencional al norte de la ciudad. Fundada en 1968 como una "ciudad

5

universal donde hombres y mujeres de todos los países sean capaces de vivir en paz y progresiva armonía por encima de todo credo, política y nacionalidad", Aurovi-lle atrae a visitantes de todo el planeta. Muchos acuden para ver la pieza central de la comunidad, Matrimandir, una cúpula geodésica dorada estilo pelota de golf que alberga una esfera de vidrio gigante.

3 Matrimandir, en el *ashram* de Sri Aurobindo **4** Ofrendas preparadas para el festival Masi Magam de Puducherry **5** Anochecer sobre la ciudad y la iglesia de Notre Dame des Anges.

Cuándo ir

Puducherry sufre dos monzones: uno de julio a septiembre y otro de octubre a diciembre. Entre enero y marzo se disfruta de un clima fresco y seco.

Cómo llegar

La ciudad tiene un aeropuerto pequeño con algunos vuelos domésticos. Se suele volar al aeropuerto internacional de Chennai (Madrás), a 145 km, y luego contratar un taxi o tomar un autobús.

Otros recursos

La novela *Vida de Pi* de Yann Martel se ambienta en parte en Puducherry. *Better to Have Gone: Love, Death, and the Quest for Utopia in Auroville* de Akash Kapur narra la historia de los principios de Auroville a través de algunos de sus primeros residentes.

03

Bansko,
BULGARIA

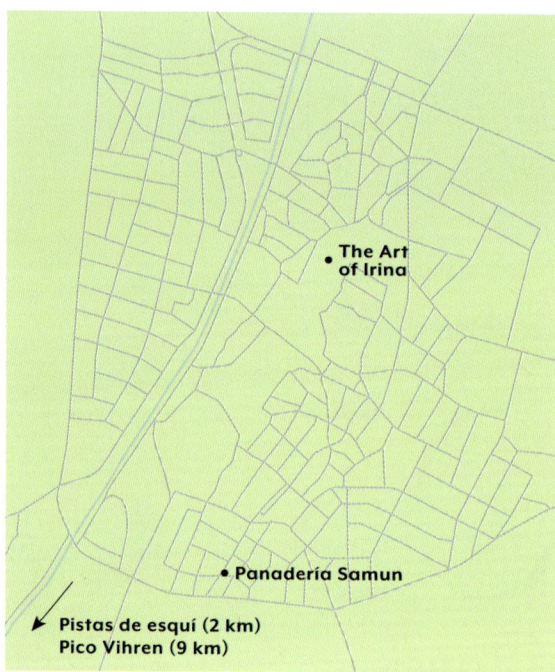

The Art
of Irina

Panadería Samun

Pistas de esquí (2 km)
Pico Vihren (9 km)

Imprescindible

1 / Subir al **pico Vihren** para ver el amanecer del 1 de julio como parte de la celebración de July Morning.

2 / Desayunar **'banitsa'**, una pasta tradicional con queso, en la **panadería Samun.**

3 / Disfrutar del invierno en Bansko y **esquiar** de diciembre a abril.

4 / Apoyar una iniciativa local en **The Art of Irina;** las pinturas satíricas de esta artista de Bansko son un recuerdo único del viaje.

B ansko, pequeña ciudad entre los picos de los montes Pirin de Bulgaria, es un popular destino de esquí desde hace décadas. Pero, en los últimos años, este pintoresco pueblo se ha convertido en un lugar que atrae a muchos teletrabajadores. Ahora figura en el mapa como uno de los mejores destinos para nómadas digitales, y atrae a adictos a la adrenalina y a profesionales independientes de distintos ámbitos. Por ello, su imagen está cambiando rápidamente de un centro turístico invernal a un atractivo paraíso vacacional y laboral todo el año.

APROVECHAR EL MOMENTO

La magia de Bansko radica en parte en su ambiente relajado y ahora multicultural. La unida y acogedora comunidad de expatriados, nómadas internacionales y búlgaros integra rápidamente a los recién llegados. Resulta más fácil y rápido entablar buenas relaciones en este lugar que en cualquier gran ciudad del mundo.

La influencia internacional ha hecho que en los últimos años hayan surgido muchos lugares nuevos: locales de cerveza artesanal, cafeterías acogedoras y panaderías modernas. Con su bajo coste de la vida, clima excepcional, entorno natural y animada vida social, Bansko es sin duda una opción mejor que otros destinos más conocidos.

Pese al ambiente cosmopolita y la reciente fama, aún tienen lugar celebraciones tradicionales búlgaras. En enero los famosos Kukeri desfilan por la ciudad con sus elaborados trajes. El 14 de febrero los lugareños celebran el Día del Vino en lugar de San Valentín, y muchas bodegas de la zona abren sus puertas a los visitantes. En marzo se verán pulseras rojas y blancas a la venta por todas partes; se cree que traen salud y buena suerte. Y durante los festejos de Pascua, en mayo, los lugareños pintan y 'pelean' con huevos duros.

Las tradiciones también se conservan en la cocina. En una *mehana* (taberna) se sirven recetas antiguas con productos de origen local en un ambiente genuino. Algunos de los platos más célebres de la región son *kapama* (repollo agrio y carne), *banski starets* (salchicha) y *chomlek* (ternera y patatas).

CIUDAD PEQUEÑA, MUCHA DIVERSIÓN

No hay que dejarse engañar por el tamaño de Bansko; aunque sea una ciudad pequeña, ofrece muchas actividades y eventos durante todo el año. Desde ciclismo de

Vista de Bansko **1** Pico Vihren, en los montes Pirin, por encima de la ciudad **2** En una *mehana* (taberna) tradicional se pueden saborear las especialidades locales.

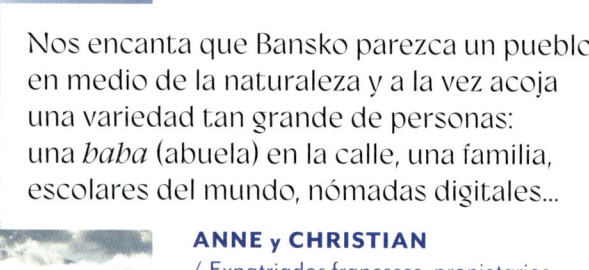

Nos encanta que Bansko parezca un pueblo en medio de la naturaleza y a la vez acoja una variedad tan grande de personas: una *baba* (abuela) en la calle, una familia, escolares del mundo, nómadas digitales...

ANNE y CHRISTIAN
/ Expatriados franceses, propietarios de The French Guy Bakery

montaña, *snowboard* y esquí hasta excursionismo y montañismo, este lugar es una delicia para los amantes del aire libre. Y los vecinos lo saben. El municipio lleva años organizando eventos y festivales centrados en la montaña para hacer de la ciudad un destino de todo el año.

El Bansko Film Fest reúne a montañeros de renombre y a cineastas de aventuras independientes para mostrar sus trabajos. Por su parte, el Bansko Jazz Festival, un evento al aire libre, atrae a músicos y aficionados al *jazz* de todo el mundo. Un festival de ópera al aire libre, otro de *rock* y muchas otras actividades culturales completan el calendario festivo.

El auge del nomadismo digital en la ciudad llevó a la creación de una celebración muy particular, el Bansko Nomad Fest, que dura una semana y reúne a cientos de trabajadores autónomos, profesionales que trabajan a distancia y emprendedores para celebrar este estilo de vida y compartir sus experiencias. Es uno de los eventos de este tipo más importantes del mundo y programa interesantes talleres, conferencias inspiradoras, eventos de *networking,* viajes de aventura y mucho más.

3 © Maya Karkalicheva/Getty Images 4 © MstudioG/Shutterstock 5 © Maya Karkalicheva/Getty Images

5

ENCANTO LOCAL

Bansko atesora una larga historia como destino de expatriados, pero su verdadero atractivo reside en los vecinos. Tras romper su reserva inicial, surge la esencia de la hospitalidad búlgara. Y no hay que olvidar que es solo una de las maravillas de la región de los Balcanes. La ciudad puede ser el primer capítulo del viaje, una invitación a descubrir mucha más belleza allende sus grandes encantos.

3 Parapente en los montes Pirin **4** Encanto tranquilo y picos perfectos en el centro de Bansko **5** Desde senderismo y ciclismo de montaña hasta deportes de nieve en invierno, el espectacular paisaje que rodea Bansko promete un sinfín de aventuras al aire libre.

Cuándo ir

En marzo y abril, cuando Bansko está más tranquilo, se puede disfrutar de los deportes de invierno. De junio a septiembre hay eventos al aire libre, festivales, actividades culturales y aventuras al aire libre.

Cómo llegar

A Bansko se llega fácilmente desde la capital, Sofía, ya sea en el autobús directo desde el aeropuerto o con los autobuses públicos que salen de la estación central. También se puede ir en coche (2 h) de alquiler desde el aeropuerto.

04

Chiang Mai,
TAILANDIA

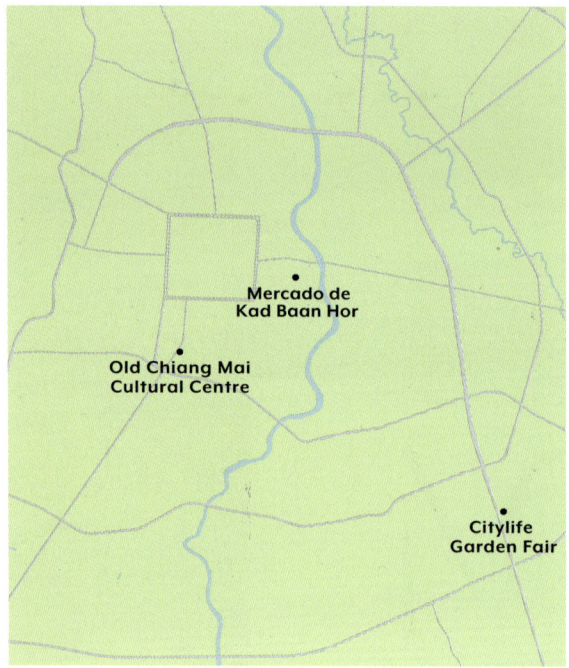

Mercado de
Kad Baan Hor

Old Chiang Mai
Cultural Centre

Citylife
Garden Fair

Imprescindible

1 / Disfrutar del **Chiang Mai Food Festival,** un evento anual que tiene lugar en enero con la mejor comida de la ciudad.

2 / Contribuir a la recaudación de fondos de la **Citylife Garden Fair,** célebre por sus mercados de alimentos y bebidas alcohólicas y subastas de obsequios.

3 / Pasear el viernes por la mañana por el **mercado de Kad Baan Hor,** donde los musulmanes y las etnias de Yunnan venden una comida sin igual.

4 / Comer hasta no poder más en una **cena khantoke,** acompañada de teatro tradicional, en el Old Chiang Mai Cultural Centre.

Desde saludos que se saltan el "hola" y van directos al «¿ya has comido?» hasta acaloradas discusiones nacionales sobre qué verdura es adecuada en un salteado de albahaca sagrada, la cocina tailandesa tiene más dimensiones que dulce, agrio, salado y picante. Y Chiang Mai eleva el amor del país por los sabores únicos a otros niveles. Aunque existen rutas gastronómicas, elaborar un viaje desde un puesto en el mercado hasta una experiencia gastronómica de mil euros puede resultar mucho más gratificante y, además, mucho más sabroso.

EN EL MERCADO

La mejor manera de disfrutar la auténtica cocina tailandesa es en su origen: el mercado. Aunque se deben priorizar los ingredientes crudos, hay algunos lugares

de visita obligada en una primera incursión en la comida tailandesa. El de Kad Luang, también conocido como Warorot, es el mercado más grande y antiguo de Chiang Mai, lugar de comercio desde la fundación de la ciudad en 1296. La planta baja está dedicada a la comida, con especialidades del norte de Tailandia como la picante salchicha *sai oua*, chicharrones y salsa de chiles tiernos. Dam Rong es el puesto preferido de los lugareños para estas delicias. Los sabores dulces de coco y pandán de Thai Sweets Under the Stairs ayudan a mitigar el picor.

ESPECIALIDADES DEL NORTE DE TAILANDIA

A medida que el viajero se adentre más en la ciudad, debería centrarse en la singular cocina del norte de Tailandia. El restaurante Han Thueng Chiang Mai es uno de los favoritos locales y sirve platos genuinos del norte tan atrevidos como picantes. Los más osados pueden probar sus tortillas de huevos de hormiga recomendadas por Bib Gourmand y sus especialidades de la selva. Otra opción es Tong Tem Toh, en Nimmanhaemin Rd, cuya bandeja de entremeses norteños es ideal para los neófitos. Huan Soontaree, junto al apacible río Ping, ofrece una experiencia gastronómica inolvidable con actuaciones nocturnas de la famosa cantante folclórica Soontaree Vechanont.

El *khao soi* es probablemente el plato más famoso de la ciudad. Esta sopa de fideos con curri y coco originaria de Chiang Mai se hizo célebre hace poco al ser galardonada como la mejor sopa del mundo por *TasteAtlas*. Para probar la original, hay que ir al famoso Khao Soi Lung Prakit Kad Kom,

Escalera del dragón de Wat Phra That Doi Suthep **1** Puestos de comida callejera en Chiang Mai **2** Apetitosas especialidades del norte de Tailandia.

© Javier Dali/Getty Images **1** © amonfrhing/Getty Images **2** © Wijawaroo/Shutterstock

El *laap* es una ensalada picante del norte, con carne, comino, sangre y bilis. Este plato casi olvidado se ha convertido en un favorito de los adolescentes hambrientos. Para probarlo se aconseja Laap Bunker o Laap Duang Dee Mee Suk.

GOVIT THATARAT
/ *Fundador de* Review Chiang Mai

3 © enviromantic/Getty Images

3

LOS CINCO MEJORES
Sitios para una cena inusual en Chiang Mai

1 / **Blackitch Artisan Kitchen:** menús de degustación con productos locales que viajan por las elaboraciones más abstractas.

2 / **Mont Nom Sod:** fundado en 1964, "Leche y Tostada" es insuperable en cuanto a tostadas dulces.

3 / **Laap Bunker:** famoso por servir ensaladas de carne cruda y vísceras a la parrilla en forma de tapas.

4 / **Beef Satay Under Ton Khoi:** satay de ternera con una salsa de cacahuete especial en minúsculos taburetes junto a la carretera.

5 / **Gob Oua Sansai:** rana rellena de carne de salchicha picante, asada a la perfección.

o, los más aguerridos, al Khao Soi Nimman, cuya amplia carta de ingredientes alternativos pone a prueba el paladar.

Chiang Mai es también un lugar perfecto para saborear las genuinas cocinas shan y birmana. Swan Burmese Cuisine quizá sea el restaurante más popular de la ciudad para esta última, pero los bocados de Free Bird Cafe sirven para ayudar al desarrollo social. Por otro lado, en Payod Shan Food se puede encontrar comida tribal auténtica que, además, es vegana.

ESTRELLAS CULINARIAS
También hay establecimientos recomendados por Michelin. Blackitch Artisan Kitchen, con su menú de 10 platos de origen sostenible que fusiona influencias tailandesas, japonesas y chinas, supera todas las expectativas. Loin.cnx ofrece complejos sabores tailandeses y una presentación artística. Y los célebres menús de degustación del chef Nan, en Cuisine de Garden, ilustran la creatividad de un entusiasta de la comida de antaño de Chiang Mai.

4 © Pakin Songmor/Getty Images 5 © Take Photo/Shutterstock

Se puede acabar este recorrido culinario deleitándose con la comida estadounidense de Dinky's BBQ o probando la genuina cocina del este de Asia en uno de los más de cien restaurantes japoneses. Ya se sea un *gourmet* experimentado o simplemente un viajero curioso, la escena culinaria de Chiang Mai ofrece algo nuevo y emocionante a cada paso. Solo queda reservar el billete a este paraíso gastronómico.

3 Almuerzo en Chiang Mai **4** Wat Lok Moli, en la ciudad, adornado para el Loi Krathong (Festival de los Faroles) de noviembre **5** Monjes con *khom loy* (faroles) durante el Loi Krathong en el Wat Phan Tao, en el casco antiguo.

Cómo llegar

Chiang Mui se halla en el norte de Tailandia, a 1 h en avión de la capital, Bangkok. Con un presupuesto limitado se puede ir en autobús o tren (8-10 h aprox.). Los mejores sitios para comer de la ciudad están cerca del casco antiguo y la calle Nimmanhaemin; los establecimientos fuera de la ciudad son impredecibles. No hay que limitarse a probar. Thai Farm Cooking School enseña el arte de la cocina del norte de Tailandia, y Thai Akha Cooking School emplea ingredientes y enseña técnicas de la jungla.

05

Génova,

ITALIA

Puerto viejo

Pasticcería Marescotti di Cavo • Palazzi dei Rolli

• Mercato Orientale

Boccadasse

MAR DE LIGURIA

omo todas las grandes ciudades portuarias, Génova es un mundo. A lo largo de la columna norte de la península Italiana se siente la fuerte vitalidad de la capital de Liguria, que está rodeada por un litoral abrupto, casi intimidante. Quienes conocen Génova guardan el secreto celosamente, temiendo que su fuerza se diluya si se conoce demasiado. Pero una ciudad capaz de crear una flota poderosa, acumular riquezas incalculables y convertir la albahaca en pesto merece todos los elogios y estar en la lista de lugares por descubrir.

ESCAPADA A LA CIUDAD INTELIGENTE

En una época en que se viaja teniendo en cuenta la sostenibilidad, Génova destaca como un ejemplo único de cuánto se puede hacer si se usa la creatividad para aunar lo antiguo y lo moderno.

Imprescindible

1 / Pasear por los callejones conocidos como *caruggi* para captar el espíritu de la ciudad y descubrir los suntuosos **Palazzi dei Rolli.**

2 / Disfrutar de innumerables versiones de **pesto** (mejor con pasta *trofie* o *focaccia*) en el **Mercato Orientale,** y en todas partes.

3 / Asombrarse en el **acuario** y la **biosfera** en el puerto viejo.

4 / Tomar el café de la mañana (o de la tarde) en **Pasticcería Marescotti di Cavo,** en Via di Fossatello.

5 / Caminar por la costa hasta el diminuto **Bocadasse** y sentir el ambiente de Cinque Terre sin salir de la ciudad.

Durante mucho tiempo esta ciudad ha sido un destino familiar para los viajeros por mar; su puerto es el segundo más grande de Italia y uno de los mayores del Mediterráneo. Pero durante la pandemia los visitantes nacionales se convirtieron en la principal fuente de ingresos del turismo, lo que llevó a residentes y empresas a repensar su oferta. Esto dio lugar al proyecto Tourism Friendly Cities, un diálogo apoyado por la UE entre visitantes, vecinos y empresas para crear comunidades accesibles y resilientes en ciudades de tamaño medio.

Así han surgido iniciativas como Levante Waterfront, un proyecto residencial y comercial casi sin emisiones dirigido por el famoso arquitecto genovés Renzo Piano. La digitalización también ha avanzado rápidamente: el Genoa City Pass brinda acceso a todos los museos y atracciones de la ciudad a través de una aplicación que los visitantes descargan de forma gratuita en sus teléfonos móviles, y el proyecto BlueMed brinda a los nómadas digitales internet de alta velocidad. Junto con los programas de renovación urbana y un acuario ya emblemático, es la escapada perfecta.

ATRACTIVO CENTRO URBANO

La historia y topografía de Génova forman un entorno urbano único, donde las sinuosas callecitas, o *caruggi,* conducen a tesoros escondidos que rezuman una riqueza y decadencia que el viajero esperaría encontrar en Florencia o Roma. Gracias a la inversión privada, las residencias nobles que otrora

Casas coloridas en Boccadasse, barrio de Génova que antaño fue un pueblo de pescadores **1** Via Garibaldi en el evocador casco antiguo de Génova **2** Opulencia gótico-románica en el interior de la Cattedrale di San Lorenzo.

© marcocannarol/Shutterstock 1 © trabantos/Shutterstock 2 © Andrej Privizer/Shutterstock

Génova tiene algo especial. Como muchas familias, nos mudamos al extranjero en busca de nuevas oportunidades, antes, como muchas familias, de darnos cuenta de que todo lo que necesitábamos estaba en casa.

CAROLINA
/ Pastelera local

albergaron a dignatarios de visita, como los Palazzi dei Rolli, Patrimonio de la Humanidad por la Unesco, se están transformando en hoteles-*boutique*, galerías elegantes y museos inmersivos. Pasear por el denso laberinto del centro antiguo resulta embriagador por los olores y sonidos que resuenan en los gruesos muros de piedra. Es una ciudad abrazada por el tiempo, no atrapada en él.

En cuanto a olores, Génova es un destino no solo para los amantes de la comida, sino también para los estudiosos de la gastronomía. A principios de primavera se celebra el Campeonato Mundial de Pesto al Mortero. Si no se puede asistir, siempre queda la opción de ir al Mercato Orientale, el histórico mercado de abastos en el corazón (o el estómago) de la ciudad, para saborear *focaccia* y raviolis mientras los lugareños conversan en dialecto ligur.

SUFICIENTEMENTE CONECTADO
El terreno montañoso de Génova ha hecho que su acceso desde el resto de Italia implicara largos trayectos en automóvil o aún más largos en tren. Pero con la finalización del nuevo tren de alta velocidad Terzo Valico prevista para el 2026 (quizá en parte operativo antes), la ciudad será fácilmente accesi-

3 © Buena Vicinque Bi-Getty Images 4 © foroStudio/Shutterstock 5 © ernabornos/Shutterstock 6 © francesco ricca racomino/Getty Images

5

6

ble desde Turín y el Piamonte. También hay un plan municipal para que toda la ciudad esté conectada por transporte eléctrico a mediados del 2025, junto con 70 km de carriles-bici.

Aunque las conexiones ferroviarias de alta velocidad desde Roma y Milán aún quedan lejos, Génova es cada vez más accesible para visitas cortas y, con la popularidad cada vez mayor de Cinque Terre y Portofino, la ciudad es una gran base para explorar Liguria.

3 *Focaccia* recién hecha y bañada en aceite de oliva, una especialidad genovesa **4** Quesos, embutidos y exquisiteces en el Mercato Orientale **5** Patio del Palazzo Doria-Tursi, parte de los Musei di Strada Nuova **6** Puesta de sol en Manarola, Cinque Terre, una excursión fácil desde Génova.

Cuándo ir

Génova deslumbra de primavera a otoño, con veranos bochornosos en medio. Si se quiere explorar la costa de Liguria en barco desde la ciudad, puede que las borrascas dificulten los planes en marzo, abril y octubre.

Cómo llegar

Salen trenes regionales desde Roma (5½ h) y Milán (2 h) todo el día; cuestan menos de 20 €. El aeropuerto de Génova tiene vuelos a/desde varias ciudades europeas, entre ellas Barcelona.

06

Pittsburgh,
EE UU

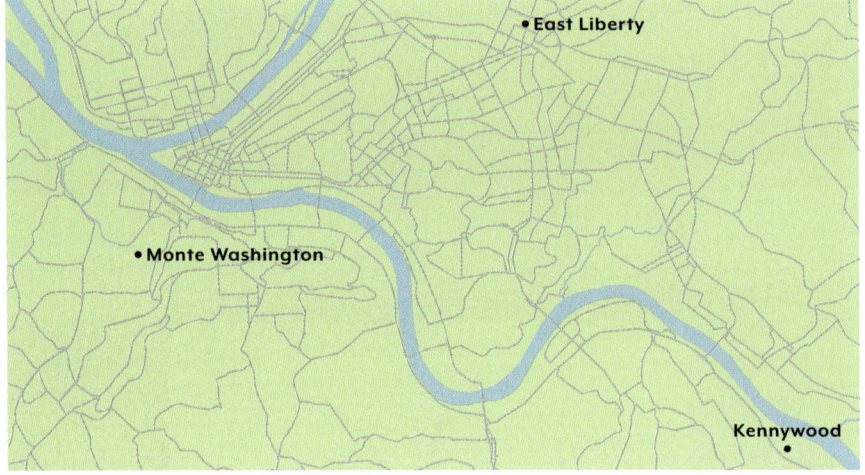

El reciente renacimiento de Pittsburgh, una ciudad firmemente arraigada en su situación geográfica en la intersección de tres ríos y en las tradiciones de generaciones de inmigrantes, está marcado por joyas nuevas y antiguas. Los enclaves étnicos y los homenajes a iconos culturales como Andy Warhol y Roberto Clemente coexisten junto con una modernidad que marca tendencias y alimenta la escena gastronómica. Es una ciudad asequible, atractiva, discreta y sin pretensiones. Sus sabores y su patrimonio cultural son auténticos y genuinos. Su apetito por el crecimiento y la reinvención –impulsado primero por el acero, la manufactura y la Revolución industrial y más recientemente por la tecnología, la educación y la atención sanitaria– es ambicioso y a menudo visionario. Pittsburgh es un destino ideal.

Imprescindible

1 / Sentarse en una mesa compartida de la luminosa y alegre cervecería Lorelei para saborear un cóctel o una *pizza* al horno de leña en **East Liberty,** un barrio que se reinventa.

2 / Divertirse en **Kennywood,** un parque de atracciones icónico situado a solo 20 min del centro y declarado Monumento Histórico Nacional. Sus centenarias montañas rusas de madera son de visita obligada.

3 / Subir al monte Washington desde Station Square en el **Duquesne Incline** para disfrutar de las vistas de la ciudad y los tres ríos. Los restaurantes de la cima ofrecen comida y vistas fabulosas.

LAWRENCEVILLE, PENSILVANIA

Actualmente no se puede viajar a Pittsburgh sin dedicar un tiempo a Lawrenceville. Situado 10 min en coche al noreste del centro por la orilla sur del río Allegheny, Lawrenceville se ha convertido en la última década en el barrio de moda al reinventar Butler Street, dividida en Upper, Central y Lower Lawrenceville, como una zona peatonal con una serie de cafeterías, tiendas, restaurantes y cervecerías independientes para todos los presupuestos, desde los más elevados hasta los más modestos.

La situación de Lawrenceville junto al Allegheny hizo de ella un valioso enclave durante la guerra de Secesión, cuando albergó un importante arsenal; luego llegó la época industrial del hierro y el acero, ya en la década de 1900. En la segunda mitad del s. xx, como muchas otras comunidades del oeste de Pensilvania, fue víctima de la depresión económica que asoló la zona con el fin de la industria siderúrgica.

El momento actual de Lawrenceville, con toques de determinación *hipster* y un brillo de sofisticación, no se salva de un debate habitual: ¿su éxito se debe a la reinvención o a la gentrificación?

Sea cual sea la respuesta, el crecimiento meteórico de la zona y sus seguidores leales son innegables. Y aportan mucho público a las empresas que impulsan su relevancia cultural: locales de música como Spirit y Thunderbird Cafe, el cine independiente Row House Cinema, galerías de arte y el Roberto Clemente Museum (solo previa reserva), que rinde homenaje a la arraigada

Pittsburgh al atardecer desde el monte Washington **1** Vistas de la ciudad y los ríos Monongahela y Allegheny desde Duquesne Incline **2** Fachada del museo de arte Randyland, en el distrito histórico de Mexican War Streets.

© ESB Professional/Shutterstock 1 © ESB Professional/Shutterstock 2 © pretrvr/Getty Images

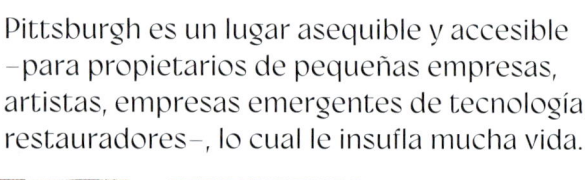

Pittsburgh es un lugar asequible y accesible –para propietarios de pequeñas empresas, artistas, empresas emergentes de tecnología, restauradores–, lo cual le insufla mucha vida.

PETE KURZWEG
/ Propietario de Lorelei, Independent Brewing y Hidden Harbor

tradición deportiva de Pittsburgh y honra la vida y el legado del famoso activista y exterior derecho de los Pittsburgh Pirates en un antiguo parque de bomberos.

PASEANDO POR EL STRIP

A solo una manzana del centro, el Strip District de Pittsburgh, llamado simplemente "el Strip", es una zona agradable y bulliciosa de 1,2 km^2 que no ha perdido el encanto local que atesora desde hace décadas, una mezcla de personalidades y comercios que dejan entrever los duros orígenes de la ciudad y los reviven para las nuevas generaciones.

Desde el Heinz History Center, un homenaje al pasado de Pittsburgh, y caminando al noreste por Penn Avenue, el Strip es un lugar donde es fácil pasar una mañana o una tarde con un café y biscotes recién hechos. Los cercanos mercados italiano y asiático están flanqueados por puestos de productos agrícolas y vendedores ambulantes que venden desde camisetas de los Steelers hasta *pierogi* polacos caseros. Se puede visitar el local original de Primanti Brothers para disfrutar del icónico bocadillo de ensalada de col avinagrada y patatas fritas, típico de Pittsburgh, o ir al cercano Terminal, que acoge una moderna zona de restauración

3 © bjwalker/Getty Images 4 © PaulMKinnon/Getty Images 5 © Alfbon/Getty Images

5

en un antiguo almacén renovado. Incluso los gélidos fines de semana invernales el ambiente tranquilo del vecindario atrae a una multitud.

TRES ES EL NÚMERO MÁGICO

Las Three Sisters de Pittsburgh son tres puentes idénticos en las calles Sexta, Séptima y Novena, llamados así en honor a las leyendas locales Roberto Clemente, Andy Warhol y Rachel Carson, respectivamente. Cruzan el río Allegheny para conectar el centro con el lado norte. Construidos a finales de la década de 1920, estos puentes amarillos de suspensión son una imagen icónica del centro de Pittsburgh.

3 Butler Street, en el revitalizado distrito de Lawrenceville 4 El Andy Warhol Museum, homenaje de la ciudad a su hijo más célebre 5 Vista del trío de ríos de Pittsburgh y del perfil de la ciudad desde la cima del monte Washington.

Cuándo ir

Los inviernos de Pittsburgh pueden ser duros, sobre todo junto al río, pero son perfectos para un plato caliente de *pierogi* caseros. Los veranos son exuberantes, pero a menudo muy calurosos y húmedos, lo cual invita a refrescarse con una cerveza artesanal fría. En primavera y otoño las temperaturas son más agradables. Los colores del follaje otoñal son impresionantes.

Cómo llegar

El aeropuerto internacional de Pittsburgh está a 20 min del centro. También es un gran destino para un viaje por carretera, pues queda a 5-6 h de varios puntos de la Costa Este y es una parada fabulosa si se está cruzando el medio oeste.

07

Osaka,
JAPÓN

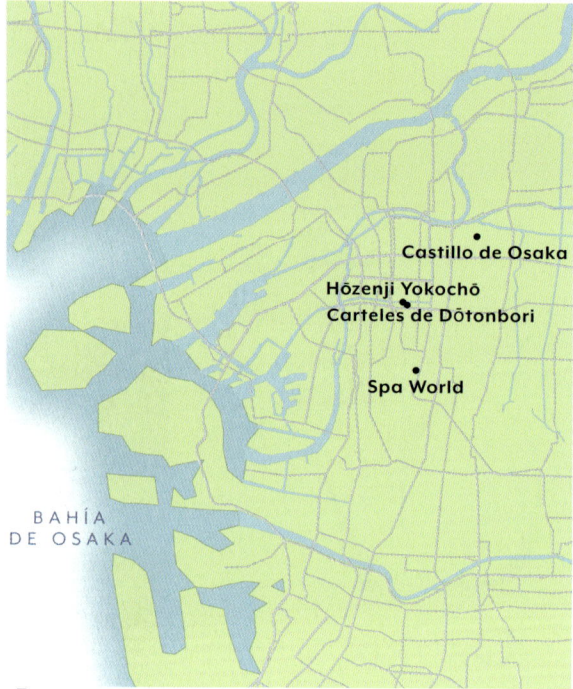

Castillo de Osaka

Hōzenji Yokochō
Carteles de Dōtonbori

Spa World

BAHÍA
DE OSAKA

Imprescindible

1 / Fotografiar los **carteles de Dōtonbori;** el cálido resplandor de las luces de neón de este barrio es un recuerdo imborrable.

2 / Seguir el bonito callejón empedrado **Hōzenji Yokochō** hasta el templo Hōzenji, parando en los diminutos restaurantes y cafés en el camino.

3 / Explorar el **castillo de Osaka;** esta majestuosa fortaleza blanca, una impresionante reconstrucción de la década de 1930, acoge un excelente museo.

4 / Remojarse en **Spa World,** un *onsen* (baño tradicional japonés) y parque de atracciones que combina las aguas termales con un toque *kitsch.*

L a tercera mayor ciudad de Japón brilla, literalmente, en sus barrios adornados con luces de neón, y destaca en más de un sentido. Este antiguo puerto comercial es un núcleo artístico progresista, un centro de vida nocturna con una próspera escena LGTBIQ+, un paraíso gastronómico y el lugar donde se hallan algunos de los mejores vendedores ambulantes de comida, locales de música en vivo y tiendas de discos del país. Además, en el 2025 Osaka acoge de nuevo la Expo, una segunda oportunidad de organizar la mejor Exposición Universal de la historia.

REGRESO DE LA EXPOSICIÓN
Resulta muy apropiado que la Expo Universal, la exposición de diseño innovador y creación científica más grande del mundo,

se celebre en Osaka por segunda vez, pues esta es una de las ciudades más dinámicas y progresistas del país. Es la primera urbe de Japón que acoge la feria dos veces, con

55 años de diferencia, entre el 13 de abril y el 13 de octubre del 2025. Tuvo un gran éxito como sede de este evento cultural en 1970, pues fue la Expo con más afluencia de público del s. xx. Aún se puede ver la interesante Torre del Sol en el Parque Conmemorativo de la Expo, antes de visitar el nuevo y deslumbrante emplazamiento en la isla de Yumeshima, en los antiguos astilleros. Con el tema "Diseñando la sociedad del futuro para nuestras vidas", el programa promete ser estimulante, revelador y con conciencia social, invitando a la interacción antes, durante y después del evento en el People's Living Lab. Igual de emocionante es el propio espacio; arquitectos de vanguardia han diseñado las salas, pabellones y espacios y han mantenido la tradición de los edificios impresionantes de la Expo.

COMER HASTA NO PODER MÁS

Osaka goza de una merecida reputación como paraíso para los amantes de la comida, con dos de los platos más deliciosos de Japón: *okonomiyaki,* una especie de torta con capas de verduras, carne o pescado; y *takoyaki,* bolas rellenas de pulpo picado o cortado en dados, jengibre y cebolla. A diferencia de en el resto del país, resulta relativamente fácil encontrar versiones veganas, vegetarianas o *halal* de sus famosos platos. Se aconseja ir a OKO, que acaba de duplicar su espacio y sirve excelentes versiones veganas y/o sin gluten

© Shutteriong/Shutterstock 1 © wichiandsang-r/Getty Images 2 © Sumpong Sutratanachai/Getty Images

Castillo de Osaka en la primavera temporada de *sakura* (floración de los cerezos) **1** Los neones iluminan la noche en la bahía de Osaka **2** Puestos callejeros especializados en *takoyaki:* bolas de masa rellenas de pulpo y jengibre.

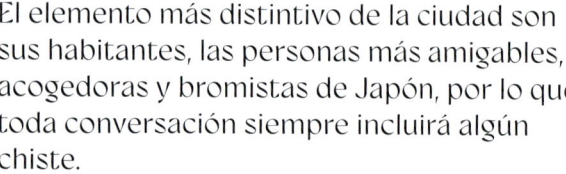

El elemento más distintivo de la ciudad son sus habitantes, las personas más amigables, acogedoras y bromistas de Japón, por lo que toda conversación siempre incluirá algún chiste.

JONATHAN LUCAS
/ Especialista en promociones de MICE, Osaka

de ambos platos; o a Genji-soba para los mejores *soba* y *ramen* veganos, vegetarianos y sin gluten de la ciudad. La escena gastronómica local no ha pasado desapercibida y el primer Time Out Food Market de Asia se inaugurará en un espacio verde regenerado hace poco, el parque Umekita, unos cientos de metros al noroeste de la estación de trenes.

ARTE A OTRO NIVEL
El Museo de Bellas Artes de la Ciudad de Osaka, el Museo de Historia Natural de Osaka, el Museo de Cerámica Oriental, el Museo de la Ciencia de Osaka, el Museo de Historia de Osaka y el Museo de Arte Nakanoshima ofrecerán en el 2025 una vasta exposición conjunta, "Osaka-Haku", con una muestra de las piezas que mejor representan la historia y la cultura de la ciudad. Cada institución ha seleccionado 20 "tesoros de Osaka", tanto antiguos como modernos, recopilados y transmitidos de generación en generación, para que este año los visitantes puedan llegar al corazón de la riqueza y el carisma de la ciudad a través de la historia, las artes, las ciencias y la artesanía. Aparte de estos grandes

3 © Nikada/Getty Images 4 © dryphotos/Shutterstock 5 © INU srigier/Shutterstock 6 © Torcuza Thailand/Shutterstock

5

6

centros, se siguen abriendo pequeñas galerías, que brindan a los artistas visuales independientes la oportunidad de mostrar su trabajo. También hay una creciente escena de arte callejero y un proyecto para que los artistas contribuyan con sus murales al paisaje urbano, como el colectivo WALL SHARE.

3 Torre de observación Tsūtenkaku, un símbolo retro del distrito de Shinsekai **4** Tradicional *onsen* japonés de Osaka **5** Vivos colores otoñales en el parque Meiji no Mori Minō, a las afueras de Osaka **6** Ofrendas a la estatua de Fudō Myō-ō en el diminuto templo Hōzenji.

Cuándo ir

De finales de marzo a principios de mayo es la temporada en que florecen los cerezos (*sakura*), una época muy popular para la visita. Halloween es muy divertido en Osaka.

Cómo llegar

Osaka tiene dos aeropuertos que reciben vuelos directos desde capitales de toda Asia. Si se llega a Tokio, se puede llegar a Osaka en *shinkansen* (tren bala) en 2½ h.

08

Curitiba,

BRASIL

• **Museu Oscar Niemeyer**

• **Largo da Ordem**

• **Estación de trenes de Curitiba**
• **Jardim Botânico**

Esta famosa y progresista metrópolis del estado de Paraná destaca desde hace tiempo por su planificación urbana y su desarrollo sostenible, y visitarla hace que uno se sienta un poco más optimista sobre la crisis climática. Si bien las raíces verdes de Curitiba se plantaron en la década de 1970, las iniciativas actuales continúan inspirando cambios. Entre las innovaciones recientes, se cuentan una pirámide solar en un antiguo vertedero, jardines de miel biodiversos en parques urbanos y un sistema de bicicletas compartidas.

AUTOBUSES Y BICICLETAS ELÉCTRICOS

Como uno de los 20 miembros fundadores de la red global C40 (una alianza mundial de 96 alcaldes dedicados a abordar la crisis climática), Curitiba lleva mucho tiempo a la vanguardia de la planificación urbana y la ciudad se suele utilizar para probar nuevas iniciativas ambientales.

Imprescindible

1 / Admirar arte, escultura y una exposición sobre el arquitecto Oscar Niemeyer en el sorprendente **Museu Oscar Niemeyer,** aún innovador 20 años después de su apertura.

2 / Oler las flores del **Jardim Botânico,** con esculturas, elementos de agua, senderos y un elegante invernadero entre la vegetación.

3 / Recorrer **Largo da Ordem,** una calle empedrada en el corazón de la ciudad llena de edificios históricos de diversos estilos.

4 / Hacer el fabuloso trayecto en tren de Curitiba a Morretes, a través de montañas y selva tropical en el **Serra Verde Express.**

Su sistema integrado BRT (Bus Rapid Transit), con vehículos articulados y estaciones tubulares de la era espacial en toda la zona metropolitana, se ha copiado en más de 150 ciudades. El BRT comenzó a introducir autobuses híbridos biodiésel-eléctricos a principios de la década del 2010 y, en el 2023 se probaron los dos primeros buses totalmente eléctricos de Suramérica. Se han encargado otros 70 vehículos, por lo que en el 2025 ya se verán más en funcionamiento. Curitiba espera que para el año 2030 un tercio de su flota sea eléctrica.

Las bicicletas eléctricas también contribuyen al cambio. Curitiba introdujo un sistema de bicicletas compartidas en el 2023, con un parque inicial de 500 bicis, la mitad de ellas eléctricas. Estas elegantes máquinas se desbloquean mediante un código QR y una aplicación móvil, y se recargan rápidamente en modernas estaciones inteligentes. Actualmente hay 250 km de carriles-bici en el centro y sus alrededores y se planea ampliar la red a 400 km para el 2025.

PARQUES SOSTENIBLES

En Curitiba destacan a simple vista los extensos parques: 48 espacios verdes repartidos por la ciudad. Pero si se mira más de cerca, se verá mucho más. Uno de los más grandes de la metrópolis, Barigui, alimenta sus instalaciones con una pequeña planta hidroeléctrica que usa una cascada y un lago artificiales, y es posible que pronto más parques sigan su ejemplo.

Parque Tanguá, en el norte de Curitiba, uno de los 48 de la ciudad **1** El espectacular edificio del Museu Oscar Niemeyer **2** El Serra Verde Express en su trayecto rodeado de vegetación por las montañas entre Curitiba y Morretes.

© garthegon/Shutterstock **1** © Samuel Ericksen/Shutterstock **2** © cabuscaa/Shutterstock

Una ciudad solo es buena para los turistas si lo es para sus ciudadanos. Curitiba siempre innova y está cuidada. Los turistas no solo visitan atracciones turísticas, sino que viven nuestra ciudad.

TISA KASTRUP
/ Comunicación, Turismo Curitiba

Barigui y otras zonas urbanas contribuyen a implementar un programa de jardines de miel por toda la ciudad que pretende conservar las poblaciones de abejas nativas y estimular la productividad en las florecientes granjas urbanas. Para atraer insectos, se plantan arbustos vistosos como salvia escarlata, hortensias y jazmín amarillo, además de otros arbustos y árboles. El proactivo alcalde de la ciudad, Rafael Greca, se ha comprometido a plantar 100 000 árboles al año en Curitiba. Al caminar por las frondosas plazas del centro, uno se ve rodeado de una saludable vegetación: Praça Osorio, en el extremo oeste de la peatonal Calçadão da XV, es como un pequeño trozo de la Amazonia, y Praça Santos Andrade, al este, es un paraíso de simetría floral.

GASTRONOMÍA VERDE
Además de sus jardines de miel, el apoyo de Curitiba a los programas de agricultura urbana incluye muchos jardines comunitarios muy productivos, creados en tierras degradadas recuperadas y que ahora firman acuerdos con restaurantes locales. Manu, el más famoso de la ciudad, ganó el premio al restaurante sostenible Flor de

3 © Hiroshi Higuchi/Getty Images 4 © Rebeca Mello/Getty Images 5 © Yai Drone Shutterstock

5

Caña en el 2023 por su abastecimiento ético de alimentos y su trabajo con grupos comunitarios. Coopera estrechamente con los pescadores locales y organiza talleres sobre el desperdicio alimentario y el aprovechamiento de las verduras. Manu también tiene colmenas, y su chef y propietaria, Manoella Buffara, exalumna del restaurante Noma de Copenhague, con tres estrellas Michelin, fue nombrada Mejor Chef Femenina de América Latina 2022 en los prestigiosos premios San Pellegrino y Acqua Panna.

3 Estatua en el invernadero del Jardim Botânico 4 Pitayas y anonas en el mercado municipal de Curitiba 5 Vista de la ciudad y el extenso Jardim Botânico.

Cuándo ir

El clima subtropical de Curitiba es agradable todo el año. Los meses de invierno, de junio a agosto, son los más frescos y secos.

Cómo llegar

El aeropuerto internacional Afonso Pena tiene conexiones con casi todas las grandes ciudades brasileñas, así como con Buenos Aires y Santiago de Chile. La estación de autobuses de larga distancia forma parte de un complejo de tres manzanas llamado *rodoferroviária*. Los autobuses interurbanos de varias empresas privadas van a puntos desde Río de Janeiro hasta Buenos Aires.

Otros recursos

Acupuntura urbana de Jaime Lerner, el visionario exalcalde de Curitiba, trata sobre cómo hacer que las ciudades sean más dinámicas y habitables.

09

Palma,
ESPAÑA

Palma Riad
Mercat de Santa Catalina
Can Cera
Portella Palma
Es Portixol
Fundació Miró Mallorca

MAR MEDITERRÁNEO

Imprescindible

1 / Sumergirse en el mundo del artista catalán Joan Miró; la indispensable **Fundació Miró Mallorca** incluye dos estudios, Son Boter y Taller Sert.

2 / Alojarse en un edificio histórico reconvertido con gusto, como **Palma Riad, Portella Palma** o **Can Cera.**

3 / Unirse a un circuito por la ciudad en bicicleta o alquilar una y recorrer el paseo marítimo hasta **Es Portixol.**

4 / Pasear por el bullicioso **Mercat de Santa Catalina,** tomar un vermú y unas tapas en la barra de **Can Frau,** en el propio mercado, o disfrutar de una comida en este barrio gastronómico.

Con su floreciente escena gastronómica, su energía creativa y sus fabulosas colecciones de arte, Palma está redefiniendo la idea de una escapada soleada a las islas Baleares y ganando fama como destino elegante y cultural todo el año. La capital de Mallorca promete inaugurar en el 2025 el esperado paseo marítimo ecológico junto al Mediterráneo para explorar a pie o en bicicleta. Mientras, siguen surgiendo en sus calles, sobre todo en el casco antiguo y en el barrio de Santa Catalina, hoteles patrimoniales de diseño, galerías independientes y algunos de los restaurantes más interesantes de España.

PASEO REVITALIZADO

La esperada novedad de Palma, el paseo marítimo, se inaugurará a principios del 2025. Sus 3,5 km bordearán la bahía desde el extremo meridional del casco antiguo hasta Portopí. Este proyecto de 60 millo-

nes de euros iniciado en el 2022 transformará por completo una franja del paseo marítimo de la ciudad antes con mucho tráfico, creando un paraíso para peatones y ciclistas con vistas al Mediterráneo. Jardines llenos de palmeras, zonas de descanso al

aire libre, parques infantiles, amplios pasos de peatones, rampas accesibles para sillas de ruedas y nuevas estaciones de bicicletas compartidas forman parte del plan liderado por el arquitecto ibicenco Elías Torres; los carriles para vehículos se reducirán significativamente y el tráfico se desviará. Otras iniciativas ecológicas previstas para este paseo incluyen la instalación de iluminación LED, la plantación de más de 1800 árboles y la creación de sistemas de drenaje sostenibles para reutilizar el agua de lluvia. Tanto para los residentes como para los visitantes enamorados de Palma, será un lugar donde relajarse en los bancos a la sombra de los árboles los meses más cálidos o mientras se toma el sol en invierno.

CULTURA CREATIVA

Desde Jorge Luis Borges (quien elogió en poesía la espectacular catedral de Palma) hasta George Sand (que vivió en la Real Cartuja de Valldemossa con Frédéric Chopin), Mallorca lleva años alimentando almas creativas. Palma está en el corazón de la escena cultural de la isla y toda la ciudad es una delicia para los amantes de las artes. Entre las numerosas y fabulosas galerías, destacan la Fundació Miró Mallorca, sobre una colina, y Es Baluard, en el casco antiguo, dentro de las antiguas murallas de Palma, pero hay muchas más opciones. Ahora es muy probable oír (o incluso unirse) acaloradas discusiones en clubes de lectura en cafés, conocer artistas contemporáneos (mallorquines y foráneos) en sus nuevos estu-

Paseo marítimo de Palma, dominado por la enorme catedral, también conocida como la Seu 1 Coloridas casas del centro de Palma 2 Almuerzo al aire libre, con vistas a las montañas mallorquinas.

© Pandora Pictures/Shutterstock 1 © Mistervlad/Shutterstock 2 © Johner Images/Getty Images

Uno de mis rincones literarios favoritos de Palma es el barrio de El Terreno. Paseando por sus estrechas y empinadas calles seguimos los pasos de autores como Gertrude Stein, D. H. Lawrence y Camilo José Cela.

MARINA ALONSO DE CASO
/ Fundadora de la librería La Salina, Santa Catalina

dios de Palma o encontrar tiendas dedicadas a continuar siglos de tradición de artesanía local. La anual Nit de l'Art (Noche del Arte) programa exposiciones y actuaciones en el centro histórico de Palma y celebrará su 29ª edición en septiembre del 2025.

Toda esta creatividad se está extendiendo a una serie de hoteles-*boutique* que está recuperando antiguos edificios patrimoniales como lugares mágicos y de diseño vanguardista y que hacen hincapié en el arte mallorquín, la artesanía local y la cálida luz mediterránea.

ESCENA GASTRONÓMICA
En los últimos años, Palma se ha convertido en un foco de atención gastronómica dentro de España, pero cualquier enamorado de la capital ya sabe que comer y beber en esta ciudad es un placer. Tanto si apetece una sencilla tostada con sobrasada mallorquina, una ensaimada espolvoreada con azúcar para acompañar un café o un menú de degustación de alta cocina inspirado en Mallorca, Palma rivaliza con otras capitales gastronómicas de España. Los productos de temporada, cultivados localmente y a menudo ecológicos, constituyen una gran parte del secreto, y proceden de fincas distri-

3 © Sereniy H/Shutterstock 4 © LuMaxxx/Shutterstock 5 © Westend61/Getty Images

5

buidas por toda la isla y animados mercados urbanos donde los chefs compran los ingredientes del día. Algunos de los restaurantes nuevos más populares están abriendo sus puertas en el artístico distrito de Santa Catalina (al oeste del casco antiguo), donde el ajetreado mercado del barrio ahora se combina con una serie de cocinas creativas a cargo de chefs aventureros formados en todo el mundo. De los 16 establecimientos con estrella Michelin repartidos por las islas Baleares en el 2024, cuatro se hallan en Palma. Todo se celebra durante el cada vez más popular festival de tapas TaPalma, que suele tener lugar en noviembre.

3 El Castell de Bellver brinda vistas impresionantes de la ciudad y la bahía de Palma **4** Las pastelerías de Palma ofrecen delicias azucaradas como la típica ensaimada mallorquina **5** Cena al aire libre en el paseo Sagrera.

Cuándo ir

Palma es un destino maravilloso todo el año, y los viajeros entendidos ya aprovechan los muchos placeres de viajar a este lugar fuera de temporada. En los meses pico de verano (julio y agosto), los precios y el gentío se disparan.

Cómo llegar

El aeropuerto de Palma de Mallorca tiene vuelos a/desde destinos de toda Europa, además de conexiones estacionales con Newark (EE UU). Si el tiempo lo permite, se puede tomar el ferri a Palma desde varios puntos de la España peninsular, como Barcelona, Valencia y Denia. El trayecto Barcelona-Palma, por ejemplo, dura 6½-7½ h.

10

Edmonton,
CANADÁ

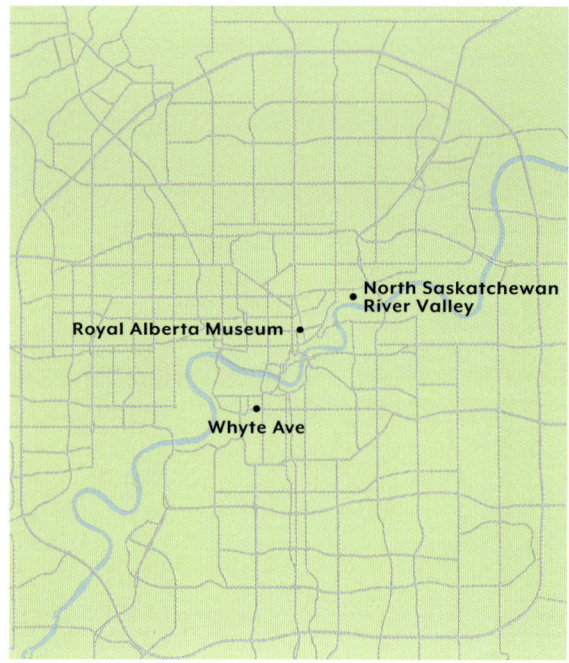

Imprescindible

1 / Divertirse en el **Edmonton International Fringe Festival,** que ofrece 11 días de espectáculos en parques, pequeños teatros y las calles.

2 / Disfrutar del arte, las tiendas y la comida multicultural en **Whyte Ave,** la arteria principal del barrio de Old Strathcona.

3 / Adentrarse en la naturaleza del **North Saskatchewan River Valley,** el gran parque urbano de Edmonton interconectado junto al río, repleto de lagos, puentes, barrancos y senderos.

4 / Explorar la historia natural y cultural en el **Royal Alberta Museum,** el más grande del oeste de Canadá, renovado y reubicado en el 2018.

S i no se ha estado en Edmonton en los últimos 10 años, hay que ir preparado para una sorpresa. La quinta mayor ciudad de Canadá hace tiempo que es célebre por su legendario festival alternativo y su bohemio barrio de Old Strathcona, pero últimamente se han llevado a cabo grandes esfuerzos para revitalizar su otrora deslucido centro con elegantes rascacielos y modernas instalaciones deportivas y de entretenimiento. En una época de reconocimiento y reconciliación, la ciudad también se ha adaptado al aumento del interés en la cultura indígena con interesantes experiencias inmersivas en lugares como Fort Edmonton y Métis Crossing, en las afueras de la ciudad.

RENACIMIENTO DEL CENTRO

En la última década se han invertido miles de millones de dólares en la regeneración del centro de Edmonton, y barrios enteros se han renovado. Destaca el Ice District, antes una amalgama de edificios vacíos y aparcamientos medio desiertos que se ha transformado en el segundo mayor distrito deportivo y de entretenimiento de Norteamérica. El punto neurálgico para los amantes de los deportes y la música es Rogers Place, un estadio cubierto para 20 734 personas cuyo futurista diseño curvilíneo se alza junto a un hotel de lujo JW Marriott y la Stantec Tower de 250 m de altura, la estructura más alta de Edmonton. En el ámbito musical, Rogers atrae a artistas como Drake y Paul McCartney; en cuanto a los deportes, es la sede de los Oilers, de la Liga Nacional de Hockey. Ver a los Oilers luchar belicosamente en el hielo sigue siendo un rito de iniciación en Edmonton. Han pasado casi cuatro décadas desde que el equipo, liderado por Wayne Gretzky, apodado "The Great One", ganó la asombrosa cifra de cinco Copas Stanley en siete años. Actualmente el equipo cuenta con el popularmente considerado mejor jugador del mundo, Connor McDavid, y vuelve a ser un gran contendiente, animado por sus apasionados seguidores. Quizá el 2025 podría ser su año.

VOLVERSE UN FANÁTICO

La última incorporación al Ice District es el llamado "Fan Park", en el emplazamiento de un casino demolido. Es un centro de actividades para todo el año, un espacio multiusos que acoge un laberinto de nieve, toboganes de hielo y una pista de patinaje en invierno, y festivales como Sustainival y Rock the District en verano.

Al expandirse hacia el este, la revitalización urbana ha llegado a Station Lands, donde nuevas residencias esperan atraer a

El elevado perfil de Edmonton **1** Anochecer en el centro de Edmonton **2** El Neon Sign Museum, una colección de piezas retro restauradas que adornan las paredes de 4th St Promenade.

© Loicbourgeoulr/Shutterstock 1 © Adam Zihla/Shutterstock 2 © Ronnie Chua/Shutterstock

Se puede descubrir joyas familiares en Chinatown, alquilar bicicletas eléctricas en Old Strathcona para recorrer el parque urbano en el valle fluvial más grande de Norteamérica o ir durante la temporada de festivales, que dura casi todo el año.

LINDA HOANG
/ Estratega de redes sociales

jóvenes profesionales y hacer que el centro sea más atractivo y habitable. En el 2023, Edmonton creó un fondo de dinamización para apoyar las actividades y festivales del centro de la ciudad, con la campaña "Meet me in Downtown" ("Quedamos en el centro"). La idea es hacer el centro más agradable para peatones, bicicletas y vehículos. En consonancia, la red LRT (Light Rail Transit) inauguró la Valley Line en noviembre del 2023, y hay otras 16 estaciones planificadas para el 2026.

IMPULSO INDÍGENA
Dado el creciente interés en la conservación y la reconexión cultural, las comunidades indígenas de Alberta han desarrollado iniciativas para que los turistas conozcan su historia, tradiciones y cultura. Se puede obtener información general en el Human History Hall del Royal Alberta Museum, y la interesante Indigenous Peoples Experience del Fort Edmonton Park incorporó una serie especial de narraciones en el 2024.

Vale la pena conducir algo menos de hora y media al norte hasta Métis Crossing, a orillas del río North Saskatchewan. En 200 Ha de tierras de cultivo propiedad

3 © HADI ZAHER/Getty Images 4 © John Elk III/Getty Images 5 © Tatyana7/Shutterstock

5

de colonos métis (de ascendencia mestiza europea e indígena) desde finales del s. XIX, un nuevo centro cultural ofrece circuitos y un lujoso alojamiento con la posibilidad de hacer noche. Los circuitos se centran en la música, la danza, la vida tradicional y la reintroducción de especies silvestres nativas, como el bisonte blanco y el uapití. El hotel-*boutique* cuenta con lujosas habitaciones que se han dotado con cúpulas para observar las estrellas, techos transparentes, suelos calefactados y camas *king-size,* todo pensado para ver la aurora boreal.

3 El follaje otoñal tiñe los parques del North Saskatchewan River Valley **4** Friendship Tower y ayuntamiento de Edmonton **5** Un meandro del río North Saskatchewan abraza el centro de Edmonton.

Cuándo ir

Como los inviernos de Edmonton pueden ser brutalmente fríos, la mejor época para ir es el verano. El International Fringe Festival se celebra en agosto.

Cómo llegar

Se suele volar al aeropuerto internacional de Edmonton, con buenas conexiones con EE UU y otras ciudades canadienses. Desde fuera de Norteamérica, se puede llegar vía Toronto o Vancouver. Calgary está a 3 h en coche al sur; Red Arrow opera autobuses diarios.

Otros recursos

The Battle of Alberta: the Historic Rivalry Between the Edmonton Oilers and the Calgary Flames, de Mark Spector, ilustra en inglés la importancia del *hockey* para los habitantes de Edmonton.

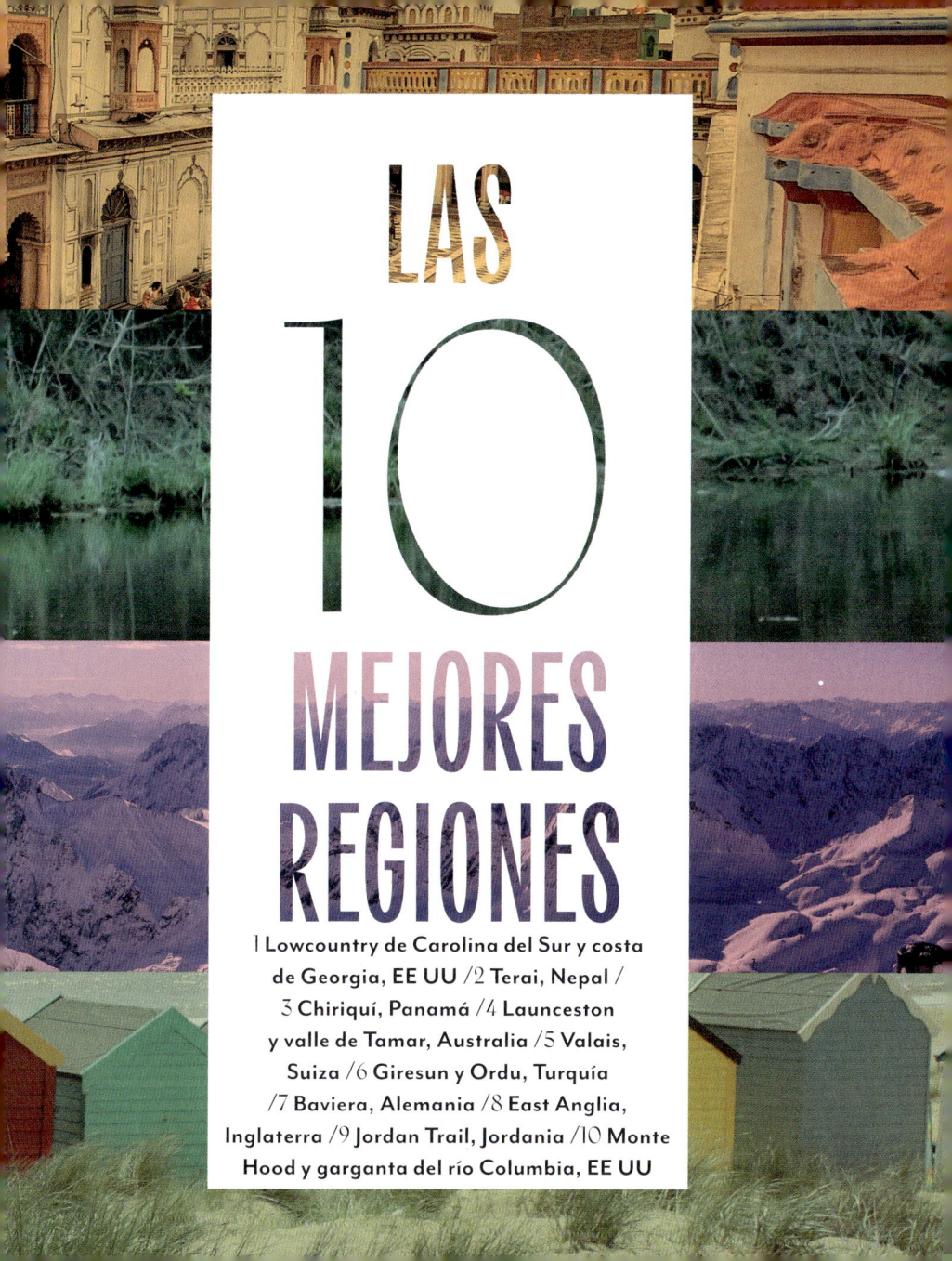

LAS 10 MEJORES REGIONES

1 Lowcountry de Carolina del Sur y costa de Georgia, EE UU /2 Terai, Nepal / 3 Chiriquí, Panamá /4 Launceston y valle de Tamar, Australia /5 Valais, Suiza /6 Giresun y Ordu, Turquía /7 Baviera, Alemania /8 East Anglia, Inglaterra /9 Jordan Trail, Jordania /10 Monte Hood y garganta del río Columbia, EE UU

01

Lowcountry
DE CAROLINA DEL SUR Y COSTA DE GEORGIA, EE UU

Imprescindible

1 / Pasar la tarde paseando por el **Starland District** de Savannah entre murales callejeros, tiendas *vintage* y cafés bohemios.

2 / Visitar las galerías del adoquinado **barrio francés** de Charleston y regresar por la noche para ver una actuación en el histórico Dock Street Theatre.

3 / Conocer la vida de los esclavos en un circuito por un cementerio gullah y una antigua vivienda del s. XIX en la **McLeod Plantation.**

4 / Buscar delfines en un paseo al amanecer por la **playa de Coligny,** en la isla de Hilton Head y luego desayunar en **Lowcountry Produce Market & Café.**

U n viaje por carretera a través del Lowcountry de Carolina del Sur y Georgia brinda playas doradas, pantanos azotados por el viento y pueblos antiguos que parecen inalterados por el paso del tiempo. Pero bajo este aspecto tranquilo subyace un dinamismo sorprendente. Liderada por las ciudades de Savannah y Charleston, la región se ha convertido en una de las pioneras de EE UU en energía sostenible. Su escena culinaria ha cosechado numerosos e importantes premios gracias a una nueva generación de innovadores chefs. Además, alberga uno de los mejores museos afroamericanos del país.

ACEPTAR EL PASADO Y SOÑAR CON UN FUTURO MEJOR

Hasta hace poco, esta región tenía pendiente abordar su problemática historia relacionada con la esclavitud. Hoy el antiguo muelle de Charleston, donde miles de africanos fueron vendidos como esclavos, se ha convertido en uno de los museos más importantes del sur, el International African American Museum. En sus salas los visitantes emprenden un reflexivo viaje desde la antigua África hasta la actualidad, con muestras sobre el eje atlántico que une África, Europa y América. El museo también trata sobre los gullah geechee (descendientes de esclavos de esta región), y su programa cultural es esencial tanto para lugareños como para foráneos, con talleres de percusión, proyecciones de películas y representaciones.

La zona en torno al museo –que se alza sobre pilotes en el muelle de Gadsden, donde arribaron unos 100 000 africanos esclavizados– ha sido bautizada como African Ancestors Memorial Garden. Las siluetas de las figuras grabadas en el suelo representan a los cautivos en la bodega de un barco, y las figuras arrodilladas recuerdan a los que murieron. La vegetación del jardín combina dos mundos dispares: palmeras africanas crecen sobre *Hierochloe odorata* propias de Carolina del Sur.

ENERGÍA VERDE, PAISAJES MÁS VERDES

Savannah está puliendo sus credenciales ecológicas con el objetivo de cubrir el 30% de sus necesidades energéticas con energía limpia y renovable en el 2025. Al oeste de la ciudad, una nueva planta de vehículos eléctricos (que costará la friolera de 4300 millones de dólares) empezará a producir unos 300 000 coches ese mismo año en uno de los proyectos más grandes de este tipo en EE UU. Miles de nuevos empleos contribuirán al auge económico que la zona ya está experimentando.

Muelles de madera en las marismas de Savannah **1** Rainbow Row, hilera de coloridas casas georgianas en East Bay St, Charleston **2** Litoral de la isla de Hilton Head.

© Dai Mar Tamarack/Shutterstock. 1 © Flipshow/Shutterstock 2 © Heloscribe/Shutterstock

Me mudé a Savannah para vivir en una ciudad histórica con grandes parques para caminar, correr y disfrutar del aire libre. También me encanta estar cerca de la playa y la encantadora isla de Tybee está a menos de media hora.

RACHEL SEELEY
/ Entrenadora de atletismo

Esta región ya era conocida por sus exuberantes parques y elegantes paseos bordeados de robles cubiertos de musgo español, pero nunca hay demasiados espacios verdes. En el 2025 abrirán en Charleston los American Gardens, junto a Meeting St, en el distrito histórico, con árboles de Júpiter, una fuente burbujeante y un pequeño escenario para conciertos, eventos literarios y proyecciones de películas. Por su parte, Hilton Head, costa arriba, está añadiendo zonas verdes, como el Patterson Family Park, que cuenta con un innovador parque infantil inspirado en una granja, así como poesía, murales e historias antiguas diseminadas por él.

OFERTA CULINARIA RENOVADA E INNOVADORA
La comida tiene un papel destacado en la visita a la región, con nuevos restaurantes que surgen como flores silvestres y opciones gastronómicas en lugares destacados de la reciente lista de semifinalistas de los premios James Beard. Jacques Larson, de The Obstinate Daughter, nominado a mejor chef del año, sorprende a los comensales con su innovadora mezcla de platos sureños con

3. © zarzamora/Shutterstock 4. © Daniela Duncan/Getty Images 5. © SeanPavonePhoto/Getty Images

5

influencias europeas, servidos junto a la costa en la isla de Sullivan.

Charleston y Savannah están llenas de establecimientos célebres. En Savannah, el Cotton & Rye es considerado por *USA Today* uno de los mejores restaurantes del país. Actualmente también existen muchos locales fabulosos fuera de las ciudades, desde sitios rústicos como Lowcountry Fish Camp, en Summerville, con sabrosos platos de bagre ennegrecido, hasta Okàn, en Bluffton, donde el galardonado chef Bernard Bennett guía por una expedición culinaria por África Occidental, el Caribe y la costa de Carolina del Sur.

3 Los sabores sureños se combinan en platos clásicos como el *Lowcountry boil*, con gambas, salchichas y patatas **4** Estatua en el sereno cementerio Bonaventure de Savannah **5** Robles cubiertos de musgo español junto a la fuente de Forsyth Park, Savannah.

Cuándo ir

Hace mucho calor y humedad en verano, la principal temporada de huracanes. A principios de primavera se goza de temperaturas más agradables y celebraciones, como el Savannah Music Festival.

Cómo llegar

El aeropuerto de Savannah/Hilton Head y el de Charleston tienen vuelos a destinos de la Costa Este y el Medio Oeste. Más pintoresco es llegar en un tren de Amtrak, que conecta ambas ciudades con Washington D.C., Jacksonville (Florida) y puntos intermedios.

Otros recursos

The Little Gullah Geechee Book, de Jessica Berry, es una introducción fascinante a las tradiciones, cocina, idioma y creencias espirituales del Lowcountry. *Slavery and Freedom in Savannah* recoge ensayos de varios autores sobre la vida de los negros desde la fundación de la ciudad hasta el s. XX.

02

Terai,
NEPAL

Nepal es sinónimo del Himalaya, pero las llanuras del sur –una franja de bosques, praderas y humedales conocida como el Terai– muestran una cara totalmente diferente del país. Esta región infravalorada, que ocupa una cuarta parte de su masa continental, es clave por su biodiversidad, con reservas famosas por sus rinocerontes y aves. El Terai también es culturalmente rico y acoge uno de los lugares budistas más importantes del mundo, un templo hindú fabuloso y un centro de cultivo de té. Salvo en algunos puntos, sobre todo el Parque Nacional de Chitwan, aún es fácil evitar las multitudes.

TIERRA DEL RINOCERONTE DE UN SOLO CUERNO

Coto de caza real antes de convertirse en reserva de fauna, el Parque Nacional de Chitwan desempeñó un papel esencial para salvar de la extinción al rinoceronte de un

Imprescindible

1 / Realizar un safari en canoa o en barco por el **río Rapti,** en el **Parque Nacional de Chitwan,** en busca de rinocerontes y cocodrilos.

2 / Visitar el templo **Maya Devi de Lumbini,** considerado el lugar de nacimiento de Buda.

3 / Ir al **Janakpur Women's Development Centre,** una ONG que ayuda a las mujeres locales a mantener las tradiciones artísticas y artesanales de Mithila.

4 / Disfrutar de una degustación y ayudar con la cosecha en un circuito por una **plantación de té de Ilam.**

solo cuerno. Se calcula que este parque, la mayor atracción turística del Terai y Patrimonio Mundial de la Unesco, alberga ahora 694 de estas imponentes criaturas, casi una quinta parte de la población total. Y la cifra crece, por lo que son habituales los avistamientos en safaris en todoterreno, piragua, barco o a pie. También se puede descubrir una gran variedad de otras especies, desde osos perezosos y cocodrilos hasta elefantes y, con suerte, tigres. El trabajo de conservación continúa y hace poco se han visto nutrias lisas por primera vez en dos décadas.

Al oeste, el Parque Nacional de Bardiya es más tranquilo, aunque igual de cautivador. La zona protegida más grande del Terai es un mundo aparentemente virgen de bosques, sabanas y ríos vigilados por una creciente población de tigres (125 en el 2022), además de unos 38 rinocerontes. Dos de estos han sido recientemente introducidos en el paraíso ornitológico de Koshi Tappu, una reserva de fauna en los humedales del este del Terai que carecía de rinocerontes. Los jóvenes, rescatados por conservacionistas tras ser abandonados cuando eran crías, se unen a cientos de especies de aves y al último grupo que queda del amenazado búfalo de agua en estado salvaje en Nepal.

TÉ E ILUMINACIÓN

El Terai acoge también dos de los sitios religiosos más importantes del país, que atraen

Parque Nacional de Chitwan, hogar del rinoceronte de un cuerno y uno de los principales atractivos de Nepal **1** Al alzar la vista al cielo en el Parque Nacional de Bardiya se ven especies espectaculares como el suimanga asiático **2** Cosecha de té en Ilam.

© Rene Holtslag/Shutterstock 1 © Al Carrera/Shutterstock 2 © gorkhe1980/Shutterstock

La popularidad de Chitwan siempre ha eclipsado a Bardiya, pero este "salvaje oeste" de las llanuras del suroeste del Terai es el lugar ideal para viajeros y amantes de la fauna que buscan otras experiencias en Nepal.

ABHI SHRESTHA
/ CEO de Rural Heritage/Snow Cat Travel

a peregrinos de todo el sur de Asia y otros lugares, pero a relativamente pocos viajeros.

Rodeado de jardines meditativos, el templo Maya Devi de Lumbini se considera el lugar donde nació Siddhartha Gautama, es decir, Buda, hacia el año 563 a.C. La estructura es uno de los sitios arqueológicos más importantes del país, además de un lugar de enorme significado espiritual. Se alza en un vasto y tranquilo parque donde también se hallan otros templos y monasterios modernos, cuyos diversos estilos reflejan las tradiciones arquitectónicas de las comunidades budistas de todo el mundo, y la reluciente estupa Shanti (pagoda de la Paz), dorada y blanca.

Unos 300 km al este de Lumbini, en la ciudad sagrada de Janakpur destaca el llamativo Janaki Mandir, un templo hindú finalizado en 1910. Dedicado a la diosa Sita, que se dice que se halló en el lugar cuando era una niña, resulta especialmente evocador por la noche cuando se ilumina con brillantes luces multicolores. Janakpur es también el centro de una renacida tradición artística, la pintura de Mithila, que se remonta a casi tres milenios.

Si se continúa viaje hasta el extremo oriental del Terai, se encontrará la zona

3 © PACO COMO/Shutterstock 4 © Arnav Pratap Singh/Shutterstock 5 © Whitworth Images/Getty Images 6 © Photofigster/Shutterstock

5

6

productora de té de Ilam, que recibe muy pocos turistas en comparación con la más conocida región de Darjeeling, justo al otro lado de la cercana frontera con la India. Accesibles por una sinuosa carretera, las exuberantes colinas verdes de Ilam están cubiertas de plantaciones de té, en varias de las cuales se ofrecen circuitos y degustaciones; la mejor época para la visita es durante la temporada de recolección, de abril a noviembre. Aparte de producir un té excepcional, los valles, crestas y bosques de pinos, robles y rododendros de Ilam son geniales para practicar senderismo y observar aves.

3 Abejarucos cabecirrufos en los bosques del Parque Nacional de Bardiya 4 Janaki Mandir, lleno de peregrinos, en Janakpur 5 Langur gris del Tarai en las llanuras de la región 6 Templo Maya Devi de Lumbini, sagrado lugar del nacimiento de Buda.

Cuándo ir

La mejor época para la visita es de finales de septiembre al período previo al monzón, que suele empezar a mediados de abril. Evítese el monzón (de mediados de junio a mediados de septiembre).

Cómo llegar

Autobuses regulares unen las principales ciudades y pueblos del Terai con Katmandú y Pokhara; los buses turísticos van también a/desde Chitwan. Hay varios aeropuertos en la región y cuatro cruces fronterizos con la India.

Otros recursos

Soul of the Rhino, del destacado conservacionista Hemanta Mishra, relata el esfuerzo por evitar la extinción de los rinocerontes en Nepal. Karnali Blues, de Buddhisagar, es una novela superventas sobre la relación padre-hijo de este escritor y periodista nacido en el Terai.

03

Chiriquí,
PANAMÁ

P anamá cautiva a los viajeros desde hace mucho tiempo con la maravilla de la ingeniería que es su famoso canal y el idílico archipiélago de Bocas del Toro, en el Caribe. Menos conocida es la provincia de Chiriquí, en el extremo oeste, donde uno puede gozar de un ecosistema saludable, explorar bosques nubosos y cafetales, subir a volcanes y relajarse en las islas del Pacífico en un parque marino nacional. Los amantes de las aves pueden observar más de 1000 especies; la más emblemática es el quetzal, símbolo sagrado para mayas y aztecas.

DESCUBRIR NUEVOS SENDEROS

Situada en el extremo más occidental del país, la provincia de Chiriquí atesora una biodiversidad asombrosa y cada vez más opciones de senderismo, circuitos de café, salidas en barco y buceo en el prístino golfo de Chiriquí. El entorno

Imprescindible

1 / Usar el encantador pueblo de **Boquete** como base para disfrutar de la oferta de actividades al aire libre de la provincia de Chiriquí.

2 / Asombrarse, si se es amante de las flores, con la **Finca Drácula,** un jardín botánico con más de 2000 tipos de orquídeas, una de las mayores colecciones del mundo.

3 / Pescar pez rey, atún y dorado, entre otros, en populares destinos como el **banco Aníbal** y la isla Montuosa.

4 / Mojarse y practicar *rafting* de aguas bravas en el **río Chiriquí Viejo.**

cuidadosamente mantenido de la región ofrece una escapada remota para los entusiastas de la naturaleza en lugares como el Bosque Nuboso del Monte Totumas, una reserva de 162 Ha que continuamente amplía su red de senderos. El trayecto no resulta sencillo, pero merece la pena. El acceso está limitado a camionetas todoterreno que deben recorrer un pedregoso camino de 9 km. Al llegar, toca adentrarse en el bosque nuboso para observar aves (se han registrado más de 280 especies) y escuchar los cantos distantes de los monos aulladores. Los senderos recientemente inaugurados se extienden a lo largo de más de 30 km y son perfectos para explorar, especialmente de enero a mayo, cuando el quetzal es más visible. Otros sitios, como la Reserva Tamandúa, también ofrecen experiencias de observación de aves y circuitos especializados para fotógrafos.

AVENTURAS EN LA ISLA Y SORBOS DE CAFÉ

El Parque Nacional Marino del Golfo de Chiriquí comprende una serie de islas y manglares que se extienden a lo largo de 150 km. Un recorrido en barco es una manera encantadora de visitar las comunidades locales y descubrir sus productos, como el cacao, y se pueden ver ballenas en la travesía. Una de las islas, Bolaños, es un lugar increíble para practicar buceo en sus grandes arrecifes; por su parte, la isla de

En busca de cascadas en el bosque nuboso de Chiriquí **1** En una caminata guiada por el Bosque Nuboso del Monte Totumas se puede avistar el deslumbrante quetzal **2** Entre los tesoros naturales de Boquete se cuentan las cascadas Perdidas, también llamadas las Tres Cascadas.

© Alfredo Maiquez/Shutterstock 1 © Michael Fischer/Shutterstock 2 © Curioso.Photography/Shutterstock

En Panamá, la naturaleza es prístina. Crea un ambiente propicio porque todos nos sentimos felices de estar aquí. El país atesora un ecosistema saludable y nuestra responsabilidad colectiva es preservarlo y cuidarlo.

JEFFREY DIETRICH
/ Propietario de Mount Totumas Cloud Forest

Gámez, de origen volcánico, está llena de almendros y palmeras.

De nuevo en tierra, Don Pepe Estate Coffee ofrece una mirada fascinante a uno de los principales cultivos de Chiriquí. En las estribaciones del volcán Barú, la finca brinda una introducción inmersiva al mundo del café. Produce siete variedades a pequeña escala, entre ellas el café geisha, el más caro del mundo: en Panamá, medio kilo se vende por unos 315 €. El experto y ameno guía Carlos Antonio Jurado explica todo el proceso durante el circuito, que acaba con una degustación.

A 1 h en coche de Don Pepe, el Parque Nacional del Volcán Barú brinda un estimulante desafío a los excursionistas en busca de largos y extenuantes senderos. Este imponente volcán inactivo es el punto más alto de Panamá; se eleva 3474 m y el ascenso es exigente, requiere 6-8 h y se debe ir con guía. El paisaje va presentando

3 © Mark Pitt images/Shutterstock 4 © Angel DiBilio/Shutterstock 5 © Ondrej Prosicky/Shutterstock 6 © Damsea/Shutterstock

5

6

una fascinante transformación a medida que se avanza, y cambia de montañas húmedas a bosques bajos. Desde la cima se ven los océanos Pacífico y Atlántico, a oeste y este, respectivamente. Si la caminata se antoja demasiado, se puede optar por subir en un vehículo hasta la cima en un trayecto de 90 min. Con cualquiera de las dos opciones, la puesta de sol sobre las nubes y la observación de estrellas son inolvidables.

3 Especialidades a base de fresas en el Fresas Café **4** Maduración de granos de café en una plantación cerca de Boquete **5** Tucán pico iris en las frondosas montañas y llanuras de Chiriquí **6** El Parque Nacional Marino del Golfo de Chiriquí alberga un mundo submarino multicolor.

Cuándo ir

Chiriquí se puede visitar todo el año. La observación de aves es mejor de enero a abril. La vegetación es exuberante durante la temporada de lluvias (mayo-diciembre). La temporada de ballenas jorobadas va de junio a octubre, pero se pueden ver delfines todo el año.

Cómo llegar

La mejor manera de llegar es volando desde Ciudad de Panamá al pequeño aeropuerto de David. Boca Chica es el centro ideal para explorar y descubrir las maravillas del Parque Nacional Marino del Golfo de Chiriquí. Empresas locales ofrecen salidas en barco a varias islas.

04

Launceston

Y VALLE DE TAMAR, AUSTRALIA

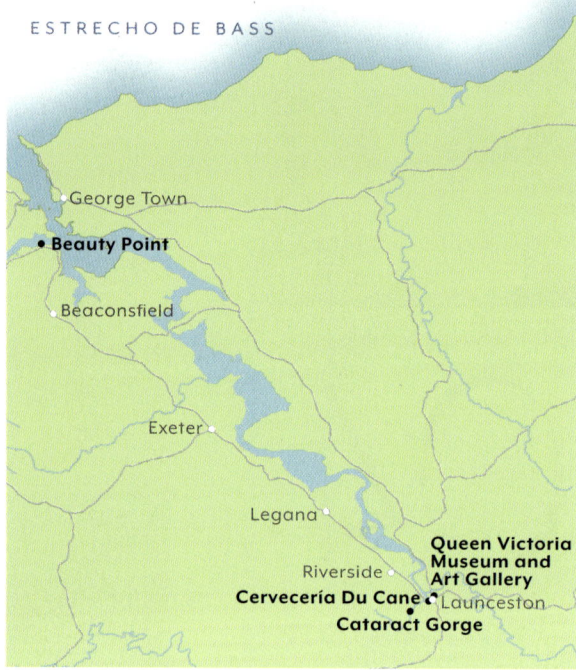

ESTRECHO DE BASS

George Town

• **Beauty Point**

Beaconsfield

Exeter

Legana

Riverside

Queen Victoria Museum and Art Gallery

Cervecería Du Cane

Launceston

Cataract Gorge

Imprescindible

1 / Caminar por las sendas de **Cataract Gorge,** observar pavos reales y ualabíes desde el telesilla o cenar en el estiloso Gorge Restaurant.

2 / Conocer la historia del tilacino de Tasmania y ver las armas de los *bushrangers* (bandidos de los ss. XVIII y XIX) y un planetario en el **QVMAG,** el museo regional más grande de Australia.

3 /Dirigirse río abajo hacia **Beauty Point** y ver ornitorrincos y deambular entre equidnas alimentándose en Platypus House. Para ver más animales, Seahorse World queda al lado.

4 / Marcar las caminatas por los bosques de Tasmania en los mapas de **Du Cane,** la primera cervecería artesanal de Launceston.

E s la segunda ciudad de Tasmania y la segunda Ciudad de la Gastronomía de Australia (junto con Bendigo, en Victoria), pero Launceston no vive a la sombra de nadie. Al borde de las fértiles llanuras volcánicas que nutren la reputación de Tasmania por sus exquisiteces, y con la principal región vinícola del estado, Launceston aúna felizmente naturaleza y alimentación: en torno a la profunda y escarpada Cataract Gorge, que llega casi al centro de la ciudad, todo gira en torno al vino y la comida.

FERMENTAR UNA REPUTACIÓN
Mientras el gigante artístico del Museum of Old and New Art (Mona) y el invernal festival cultural Dark Mofo aumentaban el atractivo de Hobart, la capital de Tasma-

nia, Launceston, trabajaba silenciosamente en su encanto. Con una gran colección de arquitectura industrial del s. XIX y ubicado en el punto donde los ríos North y South Esk se abren camino por gargantas para convertirse en el Kanamaluka/río Tamar, "Lonnie", como la llaman los lugareños, ya contaba con numerosos destinos al aire libre para el día y restaurantes soberbios para la noche. Y en el 2021 fue nombrada Ciudad de la Gastronomía por la Unesco, con lo que se sumaba a la selecta mesa a la que, por ahora, se sientan 50 destinos en todo el mundo. Es un reconocimiento internacional a esta pequeña ciudad de 77 000 habitantes, donde abundan los productos de calidad, los restaurantes fabulosos y las bodegas. En el 2025, la atención se centrará aún más en la comida con la apertura del Fermentation Hub. Pensado como espacio y apoyo para empresas de fermentación de nueva creación, este centro pionero se centrará en la producción de quesos y sidra, encurtidos y cerveza, con zonas donde los visitantes podrán ver todo el proceso de fermentación de cerca.

TENTACIONES POR DOQUIER

Ya se conduzca al norte o al sur de Launceston, en un radio de 12 km del centro se encontrará una bodega del valle de Tamar. La región vinícola más grande y antigua del estado se extiende a ambas orillas del Kanamaluka/río Tamar y acoge más de 30 viñedos unidos por la Ruta del Vino del Valle de Tamar. Uno de los enólogos pioneros, Andrew Pirie, sigue ofreciendo visitas en Apogee (solo con cita previa), y una parada en House of Arras permite conocer el que fue nombrado mejor espumoso del mundo por la revista *Decanter* en el 2020.

Las famosas uvas pinot noir del valle de Tamar madurando en la vid **1** Puente colgante Alexandra en Cataract Gorge, Launceston **2** Los deliciosos productos de Tasmania abarcan desde ostras hasta quesos elaborados en Lonnie.

© Nick Osborne/Shutterstock 1 © Ilkonya/Shutterstock 2 © del Monaco/Shutterstock

De Lonnie me encanta que, más que una ciudad, sea, en realidad, solo un gran pueblo rural, con numerosas joyas escondidas. Los bares más populares son la enoteca Havilah y el Saint John Craft Beer.

RHYS HANNAN
/ Gerente de mercado, Harvest Launceston

3 © Nick Vanderburgh/Tourism Tasmania

3

Igual de famosa es Nellie, la perra staffy de Swinging Gate Vineyard, que figuró en la portada de un libro sobre perros de bodegas.

Al oeste de Launceston se halla una de las zonas agrícolas más fértiles de Australia, donde se cultivan las primeras trufas negras del país y se puede comer carne de res y verduras de primera calidad. Gran parte de estos productos llegan frescos a la ciudad los sábados por la mañana a Harvest Launceston, un mercado de agricultores en un aparcamiento con puestos de los propios productores y fabricantes.

LOS CINCO MEJORES
Restaurantes cerca de Launceston

1 / **Stillwater:** fiable establecimiento que ofrece platos con énfasis local en un molino de harina de 1830 junto a Cataract Gorge.

2 / **Black Cow Bistro:** ideal para carnívoros, una oda a la carne de res, desde Cape Grim hasta Wagyu de la isla de Robbins.

3 / **Stelo at Pierre's:** su aspecto es en parte de café parisino y en parte de burdel, pero Stelo es fiel a los productos locales, con toques italianos.

4 / **Timbre Kitchen:** entre las viñas de Velo Wines se ofrece un menú de sabores de Tasmania que cambia a diario.

5 / **Josef Chromy Wines:** a la salida de Launceston se hallan las vides del delicioso restaurante-bodega de Josef Chromy.

REGLAS DE LA NATURALEZA
A 15 min a pie de Launceston se encuentra el final del desfiladero fluvial Cataract Gorge. Bajo sus escarpadas paredes de dolerita, este cañón de 5 km se abre brevemente en First Basin, donde se ha habilitado una piscina rodeada de césped junto al río y el telesilla de un solo tramo más largo del mundo.

Hay más paisajes hermosos a 1 h en coche de la ciudad, además de mucha fauna, ciclismo de montaña y el mejor esquí de Tasmania. Bordeado de playas, el Narawntapu National Park ha sido apodado el "Serengueti de Australia" por su gran cantidad de ualabíes y otras criaturas, y pequeños

4

5

pingüinos desfilan hacia la costa todas las noches cerca de la desembocadura del Kanamaluka/río Tamar, en Low Head. La cercana George Town cuenta con la más nueva de las redes de senderos para bicicletas de montaña de Tasmania, y el Ben Lomond National Park, al sur, alberga el segundo pico más alto del estado (Legges Tor) y una sencilla estación de esquí. No siempre se puede esquiar, pero el camino que sube por la sinuosa Jacob's Ladder es uno de los más espectaculares de Australia.

3 Una inmersión en la escena de los restaurantes de Launceston permite descubrir los sabores de Tasmania **4** Equidna en Platypus House de Beauty Point **5** En un festín de productos locales se puede comer desde trufas hasta carne de res.

Cuándo ir

Dados sus largos inviernos, Launceston acoge el verano con deleite y organiza varios festivales. El Festivale, de tres días y dedicado a la comida, es quizá el más popular. El Launceston Beer-Fest recibe el año nuevo, y la ciudad satélite de Evandale acoge los nostálgicos National Penny Farthing Championships, que tienen lugar en febrero, seguidos del premio de pintura paisajista mejor dotado de Australia, el Glover Prize.

Cómo llegar

Hay vuelos directos a Launceston desde todas las capitales de los estados de Australia.

05

Valais,
SUIZA

V erbier, Zermatt y el fascinante monte Cervino (Matterhorn) con su insondable trigonometría. Algunos iconos no necesitan presentación en esta región de Suiza, donde los aristócratas ingleses hicieron escala en su Grand Tour por Europa en el s. XIX y hoy las estrellas *millennial* beben cócteles de champán en algunas de las estaciones de esquí más lujosas del mundo. Pero bajo todo el glamur se oculta un tesoro de tradición pastoral rica y atemporal, tan perdurable y firme como el impulso de la región para abrir nuevos e interesantes caminos en el 2025.

CANALES ROCOSOS, SALTOS EN EL BOSQUE Y GRANDES DESCENSOS

La estación de Verbier, en el Bajo Valais, es sinónimo de esquí (y, más recientemente, de *freeride*) excepcional desde la década de 1950, cuando se instaló el primero de los más de 90 remontes. Pero ahora se le ha unido una explosiva

Imprescindible

1 / Viajar en tres teleféricos desde **Zermatt al Klein Matterhorn** para ver 14 glaciares y más de 30 picos por encima de los 4000 m.

2 / Comer **'raclette'** de productores artesanales en el festival del queso de dos días Bagnes Capitale de la Raclette, en Le Châble.

3 / Ver Verbier desde otro ángulo tras subir al **Pierre Avoi** y caminar por centenarios *bisses*, canales de riego para los pastos.

4 / Explorar el **glaciar Aletsch,** el mayor de los Alpes, en una caminata guiada en verano o en una expedición de esquí de travesía en invierno desde Fiesch.

escena de ciclismo de montaña. El verano del 2025 la región acogerá el Campeonato Mundial de Ciclismo de Montaña de la UCI. La ceremonia inaugural se celebrará en la tranquila población de Sion, a 55 km de Verbier, y habrá eventos ciclistas en siete puntos de la zona. Estos campeonatos incluirán por primera vez siete disciplinas, incluido el ciclismo de montaña eléctrico, actualmente la actividad de más rápido crecimiento en los Alpes. Con un valor de mercado actual de 5770 millones de dólares en todo el mundo, se espera que se duplique en cinco años. Al caminar por la calle principal de Verbier, Rue de Médran, en primavera, posiblemente uno se sienta fuera de lugar; tal es la cantidad de ciclistas ataviados con protecciones que se dirigen al teleférico de Médran para subir la montaña. En Les Ruinettes, a 2200 m, los ciclistas recorren 19 km de pistas en el Verbier Bike Park, con senderos que van desde pistas suaves para principiantes hasta otras verticales que hacen volar sobre el sillín; la pista oficial de competición recibe el adecuado nombre de Tire's Fire. Además, ofrece unas vistas celestiales del Massif des Combins y del Mont Blanc. Más rutas panorámicas de todos los niveles para bicicletas eléctricas y el Verbier E-Bike Festival, que se celebrará en agosto y combinará bicis eléctricas con comida *gourmet* y música, son parte del plan del 2025 en el Valais para popularizar el ciclismo de montaña, e involucrar a más ciclistas jóvenes y mujeres.

Vistas magníficas del tren a Zermatt con el Gornergrat de fondo **1** El imponente monte Cervino (Matterhorn) enmarcado por los teleféricos de Zermatt **2** El ciclismo de montaña despega en el Valais.

© Rudy Balasko/Getty Images 1 © John Harper/Getty Images 2 © Iton Shaolram/Getty Images

Sí, también comemos *raclette* en verano. El mejor lugar de Sion es el mercado de los viernes o Cave Les Futailles de Philippe Savioz, una bodega del s. XIII en Rue du Grand-Pont.

SABINE DE KALBERMATTEN-VAN VLIET
/ Originaria del Valais

VOLVER A LOS FUNDAMENTOS

No es casualidad que el maratón del Campeonato Mundial de Ciclismo discurra por el Val d'Anniviers, un valle lateral cubierto de pinos y pueblos de cuento con graneros de madera sobre pilotes y capillas encaladas. Se trata del tranquilo yang del eufórico yin de la alta sociedad del Valais: la discreta alma patrimonial de la región donde todavía se hornea el tradicional pan de centeno en el *four à pain* (horno) comunitario y las familias guardan "quesos de los muertos" en el sótano para comerlos en los funerales. Al subir a los pueblos de St Luc, Grimentz y Zinal en bicicleta eléctrica se disfruta de las curvas cerradas en un cuadro alpino aún poco conocido. Entre la embriagadora serie de picos de más de 4000 m que se alzan en el horizonte, destaca el icónico monte Cervino (Matterhorn en alemán).La Valais Alpine Bike es una nueva ruta de ciclismo de varios días, con siete etapas y 316 km por toda la región, que termina en el Val d'Anniviers.

EN EL CAMINO DEL PEREGRINO

En Martigny, la capital francófona y ciudad más antigua del Valais, se descubre rápida-

3 © stockhorn/Getty Images 4 © yuelan/Getty Images 5 © wilpun/Getty Images 6 © Justin Foulkes/Lonely Planet

mente por qué los enófilos romanos se detuvieron en este punto en su ruta desde Italia por el paso del Col du Grand St Bernard. En el 2025, el centro de cría Barryland, hogar de perros San Bernardo que hasta la década de 1950 ayudaban en el rescate de alta montaña, se convertirá en un nuevo parque temático, con un plano inspirado en la huella de uno de estos animales. Se disfrutará de muchas carantoñas al pasear con un perro por Martigny en primavera, por prados de flores silvestres en Col du Grand St Bernard en verano y junto a las fabulosas orillas heladas de Champex-Lac en invierno.

3 *Raclette*, el sustento perfecto tras un día en bicicleta o esquiando **4** El centro de visitantes Villa Cassel, en Riederalp, tiene toda la información sobre el glaciar Aletsch **5** Amanecer en el monte Cervino (Matterhorn) **6** Perros San Bernardo en el renovado centro Barryland de Martigny.

Cuándo ir

Los ciclistas recorren las pistas de marzo a octubre. A partir de junio, teleféricos y telesillas suben a los ciclistas a las montañas (julio y agosto en las estaciones más pequeñas).

Cómo llegar

En tren o avión hasta Ginebra y luego en tren de SBB; los billetes se compran en línea o con la aplicación de SBB. En Verbier, Médran Sports alquila bicis (de montaña, carretera, descenso, enduro, eléctricas); Singletrail y École Suisse de VTT son recomendables escuelas de ciclismo con guías.

Otros recursos

Slow Train to Switzerland de Diccon Bewes es una versión moderna del primer paquete turístico "de Londres a Lucerna" en tren, autobús y barco.

06

Giresun y Ordu,
TURQUÍA

G iresun y Ordu, dos ciudades vecinas y provincias homónimas en la costa turca del mar Negro, son pequeños destinos encantadores con una belleza natural en innumerables tonos de verde que espera ser descubierta. Desde sus playas únicas hasta las interminables mesetas, estas dos poblaciones rezuman encanto, exquisiteces y aire fresco. La cálida hospitalidad y la diversidad cultural de los amables lugareños aumentan el atractivo de la zona y garantizan un viaje fantástico.

DIVERSIÓN EN LA MESETA

En las elevadas *yaylas* (mesetas) de varios distritos de la provincia de Ordu tienen lugar grandes y pequeñas celebraciones estivales. En estos eventos, residentes y visitantes disfrutan de las tradiciones y la cultura regionales. Algunos duran un solo día, mientras que otros se alargan varios. De los muchos que se celebran, los más populares son los

Imprescindible

1 / Probar las **'fındık'** (avellanas) y la pasta de avellanas más deliciosas del mundo en Giresun.

2 / Saborear la famosa y exquisita **'pide'** de Görele (*pizza* al estilo turco).

3 / Ir al **Mavi Göl** (lago Azul) en medio de un paisaje verde que se torna turquesa, sobre todo durante los meses de verano.

4 / Visitar **Yason Burnu,** que atesora una iglesia histórica y un blanco faro frente al mar Negro.

de Perşembe, Aybastı, Korgan, Düzoba y la meseta de Çambaşı, y en todos tienen una fuerte presencia la música y el baile. Resulta difícil limitarse a observar los enérgicos movimientos de los bailarines ataviados con trajes típicos, sobre todo en los bailes más populares como el *horon* y el *halay*. Además de la música y el baile, los eventos más esperados son las peleas de lucha libre, cuando los participantes tratan de inmovilizar a sus oponentes sobre el césped mientras los espectadores animan a sus favoritos. Además, a veces también se celebran carreras de caballos en algunas fiestas de la meseta.

EXCURSIONES POR UNA NATURALEZA FABULOSA

En torno a las ciudades de Ordu y Giresun numerosas rutas de senderismo permiten descubrir la belleza natural de la región. Los amantes de esta actividad acuden todo el año para caminar por esta zona elevada. Al ascender hacia las nubes por caminos sinuosos y bajar a valles profundos, a veces se atraviesan densos bosques y se pasa por amplias llanuras abiertas. Como la región recibe abundantes lluvias, es posible ver todos los tonos de verde, muchos tipos de vegetación y tal vez incluso un arcoíris. Las pistas de senderismo generalmente se hallan a gran altura y están cubiertas de nieve en invierno, así que es mejor acometerlas en los meses más cálidos.

Meseta de Çambaşı, en la provincia de Ordu **1** Calles adoquinadas de la ciudad de Ordu **2** Flores silvestres tapizan las montañas surcadas por ríos cerca de Görele, provincia de Giresun.

© Sevda Ergen/Shutterstock 1 © DreamStockCo/Shutterstock 2 © Anadolu/Getty Images

Al viajar por el litoral de Ordu y Giresun, hay que llenarse los pulmones con el aroma del mar Negro, parar en bahías intactas, beber una taza de *çay* (té) en un pueblo de pescadores y quizá salir en barco.

EMINE FATOĞLU TOPKAYA
/ Guía turística local

3 © elpaksoy/Getty Images

3

DELICIAS CULINARIAS

Las provincias de Ordu y Giresun son los centros de producción de *fındık* (avellanas) más importantes del mundo, por lo que al hablar de exquisiteces locales inmediatamente se piensa en ellas. Las avellanas de Ordu son más grandes y magras, y las de Giresun, más pequeñas y aceitosas. Se aconseja parar en las tiendas que venden frutos secos y productos derivados.

Otra comida típica de la región es la *pide*, una suerte de *pizza* al estilo turco elaborada en horno de piedra y preparada con ingredientes como queso, carne picada o verduras. Las *pides* pueden ser de todas las formas y tamaños, y siempre son deliciosas.

Por último, ya que se está en la región del mar Negro, se impone añadir *muhlama* a la lista de delicias culinarias que probar. Este plato tradicional se elabora con *kolot* (queso local), mantequilla, harina de maíz y agua.

LOS CINCO MEJORES
Festivales de Giresun y Ordu

1 / **Festival de Cultura y Lucha Libre de la Meseta de Perşembe de Aybasti:** la mayor fiesta de la región se celebra la última semana de julio.

2 / **Festival Mayıs Yedisi:** rituales únicos, conciertos y espectáculos de danza en mayo.

3 / **Festival de Invierno de la Meseta de Çambarşı:** programa conciertos, *snowboard* y carreras todoterreno, normalmente en enero.

4 / **Festival de Arte y Cultura del Lenguaje Silbado:** también conocido como Festival del Kuş Dili, se celebra en septiembre en Kuşköy y está dedicado al lenguaje de silbidos.

5 / **Festival de la Meseta de Düzoba de Kumru:** festival cultural, normalmente en julio, con lucha libre, concursos de cocina y conciertos.

172 / BEST IN TRAVEL 2025

4

5

Primero impresiona por su color y apetitoso aroma; luego, por las largas hebras de queso caliente y elástico; finalmente, por el inolvidable sabor que envuelve el paladar. No puede dejar la región sin haber probado este rico desayuno en algún lugar junto al mar o en las mesetas.

3 La *muhlama* es una especialidad a base de queso 4 Traje tradicional de la región del mar Negro 5 El adecuadamente llamado Mavi Göl (lago Azul) de Giresun.

Cuándo ir

En primavera y verano la naturaleza está despierta y brilla el sol. En otoño e invierno llueve a menudo y puede hacer frío.

Cómo llegar

El aeropuerto de Ordu-Giresun está a 20 km del centro de Ordu y a 30 km del de Giresun. Recibe vuelos regulares desde Estambul, Ankara y Esmirna. También se puede llegar a ambas ciudades por carretera desde los centros regionales de Trebisonda y Samsun.

07

Baviera,
ALEMANIA

Ruta Romántica
Wurzburgo

REPÚBLICA
CHECA

Núremberg

Ratisbona

Augsburgo

Múnich Chinesischer
Kellerwald Turm

Castillo de
Neuschwanstein • Königssee

AUSTRIA

Imprescindible

1 / Pasar una tarde en una **cervecería al aire libre** como Chinesischer Turm, en Múnich, o Kellerwald, en Forchheim.

2 / Dirigirse al sur hacia el popular **castillo de Neuschwanstein,** el capricho más excéntrico y emblemático de Luis II de Baviera, situado entre los Alpes.

3 / Navegar en un barco eléctrico por el **Königssee,** en el Berchtesgadener Land, el rincón alpino más bonito de Baviera, aunque con un oscuro legado nazi.

4 / Viajar por carretera por el oeste bávaro siguiendo el recorrido turístico más popular de Alemania: la pintoresca **Ruta Romántica.**

L a más absoluta modernidad versus tradiciones muy arraigadas, perfección con las reglas de cálculo junto con fiesta desenfrenada en las cervecerías y reciclaje obsesivo: el Estado Libre de Baviera, su nombre oficial (Freistaat Bayern), tiene una personalidad característica, a menudo contradictoria. También cuenta con aspectos físicos y geográficos variados, desde bosques misteriosos a picos nevados, del Múnich del s. XXI a aldeas con casas de entramado de madera. Aunque celebra la tradición, a Baviera le gusta el cambio, como puede verse en sus ambiciosos objetivos de sostenibilidad. El 2025 puede ser un buen año para visitar este ecléctico estado del sur de Alemania.

OCTUBRE EN SEPTIEMBRE

Lo que seguirá siendo igual en el 2025 (y cualquier año) es que Baviera ofrece la mejor cerveza del mundo (con permiso de

checos y belgas), y que se puede saborear en algunas de las cervecerías, en salones o al aire libre, más tradicionales y con más carácter del planeta. Se espera que en el

2025 la Oktoberfest de Múnich, la fiesta de la cerveza más grande del globo, alcance o incluso supere los niveles de consumo y diversión anteriores al covid. Esto se traduce en más de seis millones de visitantes y más de siete millones de litros de cerveza, además de cantidades industriales de comida. En el 2025, la Oktoberfest empieza el 20 de septiembre y acaba el 5 de octubre. Sí, el famoso de "octubre" comienza a mediados de septiembre para aprovechar el mejor clima y los días más largos.

HACIA ARRIBA

Disfrutar del aire libre es esencial en toda visita a Baviera, y no hay mejor lugar para conocer la belleza natural de la región que en su porción de los Alpes, a lo largo de la frontera con Austria. Garmisch-Partenkirchen es la principal estación alpina de Alemania, la que cuenta con una mayor oferta todo el año y especialmente atractiva para quienes no esquían. Destaca el ferrocarril que sube a la cima de la montaña más alta del país, el Zugspitze (2962 m), un tren que desafía la gravedad y que lleva cubriendo este trayecto aparentemente imposible casi un siglo. Si la visibilidad es buena, esta es la mejor panorámica de toda Baviera. La zona también brinda fabulosas opciones de senderismo, la más conocida de las cuales es el estrecho desfiladero de Partnach.

Rudy Balasko/Getty Images 1 © I-codtou/Getty Images 2 © Beldovsu Oksana/Shutterstock

Neuschwanstein, entre montañas, sirvió de inspiración para el castillo de la Bella Durmiente de Disney 1 La Oktoberfest de Múnich; prost! 2 A la cima del Zugspitze se llega en tren o teleférico.

La mejor manera de empezar el día en Múnich es con un desayuno a base de *weisswurst* (salchichas de ternera), un *pretzel* crujiente, mostaza dulce y una jarra de cerveza de trigo.

JOSÉ PAVEZ
/ Guía turístico de Múnich

3 © Yulia Furman/Shutterstock 4 © Bluejayphoto/Getty Images 5 © Michael Abid/Alamy

LOCURA POR EL FÚTBOL

Alemania fue sede de la Eurocopa de fútbol en el 2024 y el Allianz Arena de Múnich acogerá la final de la Liga de Campeones de la UEFA el 31 de mayo del 2025. Es uno de los estadios más espectaculares del mundo y su exterior, envuelto en plástico, cambia de color según la ocasión. No cabe duda de que a los bávaros les encantaría que el próximo mes de mayo la iluminación del estadio se tiñera de rojo, el color de la camiseta del Bayern de Múnich. Sería la guinda (roja) para el club más exitoso de Alemania, que en el 2025 celebrará su 125º aniversario. También está confirmada la participación del equipo en la primera Copa Mundial de Clubes de la FIFA, un evento que se celebrará en EE UU y que sin duda se retransmitirá en todos los bares y cervecerías del Estado Libre.

5

EL FUTURO ES VERDE

Aunque el Bayern de Múnich vista de rojo, la mayor parte de Baviera es verde, y no solo por los campos de lúpulo. La región tiene unos de los objetivos ecológicos y de sostenibilidad mejor definidos del mundo y, a diferencia de otros, cuenta con las estrategias y la investigación en curso para lograrlos. Desde la gestión de residuos hasta la contaminación acústica, pasando por el control de calidad del aire y del *electrosmog*, Baviera no solo habla en verde, también actúa en verde.

3 El día empieza con un copioso desayuno bávaro a base de *weisswurst* y una cerveza **4** Königssee, el lago del Rey, y la capilla de St Bartholomä, rodeados de montañas **5** Rothenburg ob der Tauber, una maravilla medieval en la Ruta Romántica.

Cuándo ir

Cualquier época es buena para visitar Múnich. De finales de primavera a otoño (de mayo a octubre) es mejor para el resto del estado; de diciembre a marzo, para los deportes de nieve.

Cómo llegar

El de Múnich es uno de los aeropuertos más transitados de Europa, recibe vuelos de todo el mundo. Una buena alternativa es Fráncfort, que cuenta con excelentes conexiones a Baviera. La red ferroviaria es ejemplar. Baviera limita con Austria y la República Checa.

Otros recursos

Klaus Mann narra en *La ventana enrejada* la historia de Luis II de Baviera, en especial, su aún misteriosa muerte.

08

East Anglia,
INGLATERRA

Imprescindible

1 / Escuchar el reconfortante sonido del viento entre los juncos en puntos de observación de aves como **Minsmere** y **Marismas de Cley.**

2 / Ir a la Universidad de **Cambridge** y visitar las bibliotecas legendarias, museos excepcionales y zonas verdes que vieron pasar a Newton, Hawking, Darwin y los Monty Pythons.

3 / Salir por la noche en **Norwich,** capital cultural de Norfolk, y disfrutar de teatro, música en directo, muestras de arte y comida creativa.

4 / Explorar **North Norfolk,** entre Cromer y Kings Lynn, en autobuses locales, con reservas de aves, playas, el bonito **Holkham Hall** y el mejor pescado de East Anglia.

Esta enigmática región es una muestra de la vieja Inglaterra, sin los habituales ganchos turísticos. East Anglia está formada por los condados de Suffolk, Norfolk, Essex y Cambridgeshire, salpicados de pueblos con casas con entramado de madera del s. XVI y artísticas poblaciones laneras bañados por un litoral repleto de playas y reservas de aves que se llenan de avetoros en primavera. Hay lugares populares (Cambridge; los canales de Norfolk Broads), pero también otros donde formar parte del s. XXI parece opcional. Tras la visita, no se verá Inglaterra de la misma manera.

UNA INGLATERRA VIEJA Y AUTÉNTICA

Después de los atribulados principios de la década del 2020, muchos viajeros buscan poder escapar de la era moderna y East Anglia es una gran opción. El pasado impregna el paisaje del antiguo corazón del comercio lanero de Inglaterra, donde

el dinero medieval erigió mansiones pala-
ciegas, elevadas catedrales y algunas de
las sedes del saber más prestigiosas del
mundo. Pero no es la típica experiencia "Ye
Olde English Village", sino que la historia
está viva. Las artes y oficios tradicionales
se protegen y la arquitectura antigua se vive
y conserva. Se puede alquilar una casa que
probablemente tenga fachada de entramado de madera, esté torcida y sea más
antigua que muchos países modernos.

    ¿Por qué visitar la región en el 2025?
Porque está dejando de ser un secreto y
esas centenarias casas de ensueño cada
vez están más buscadas. Con Cambridge
y Norwich como base para llegar a la costa
de Suffolk y Norfolk, uno sentirá que el
ritmo de vida se ralentiza nada más bajar
del tren, una experiencia cada vez más rara
en esta concurrida isla.

FESTÍN EN EL ESTE

East Anglia ya era ecológica, local y de
temporada mucho antes de que fuera
una moda. Las comidas son variadas y
copiosas, como las inspiradas creaciones
de Daniel Clifford en Midsummer House,
Cambridge, o agradablemente sin pretensiones, como comer pescado recién llegado
en los barcos y patatas fritas crujientes en
las encantadoras poblaciones costeras
de Aldeburgh y Southwold. Dominan los
platos de mar. Gracias a los criaderos
protegidos del Wash, East Anglia nunca
perdió el gusto por el pescado, como
ocurrió en otras regiones cuando la pesca

Norwich, atravesada por el río Wensum y coronada por
su magnífica catedral **1** Vista de Trinity St hasta la torre
del St John's College, Cambridge **2** Casas con entramado
de madera del pueblo de Lavenham, Suffolk.

© Helen Hotson/Shutterstock 1 © gowithstock/Shutterstock 2 © Andy333/Shutterstock

Fresh Fish
FOR SALE

OPEN FROM 7.30 am
7 DAYS WEEK

CRAB

Me encantan las curiosas ciudades comerciales con tiendas originales y un ambiente comunitario. También hay lugares espectaculares para explorar la naturaleza, como Minsmere y Dersingham Bog, y unos paisajes fabulosos.

ANNETTE SALKALD
/ Guarda de North Suffolk Coast Reserves, Royal Society for the Protection of Birds

británica disminuyó durante la II Guerra Mundial. Las cartas abundan en ostras y mejillones, cangrejo, pescado ahumado, gambas y demás; incluso los locales de *fish and chips* ofrecen, además de sus opciones habituales, otras como langosta con patatas fritas y mejillones a la marinera. Los sibaritas van a Cambridge, el pueblo de Dedham, en Suffolk, la costa norte de Norfolk (donde cada pueblo tiene su propia especialidad) y a Norwich, donde el fin de semana la oferta gastronómica de St Benedicts St compite con la de Londres.

LÍMITE ORIENTAL
El hecho de que la región rebose historia, no debe llevar a pensar que está anclada en el pasado. Atesora un dilatado pasado lleno de creatividad contra la ortodoxia y el sistema establecido, y de rebelión. Al fin y al cabo, es la tierra de Oliver Cromwell, que ordenó miles de asesinatos, del productor musical Brian Eno y de la reina guerrera Boudica. Pequeños teatros, centros de arte comunitarios y espacios en iglesias reconvertidas acogen desde espectáculos políticos radicales hasta artes escénicas y *thrash metal*, sobre todo en las estudiantiles Norwich y

3 © Magdanatka/Shutterstock 4 © Mark Caunt/Shutterstock 5 © Archer Photo/Shutterstock

5

Cambridge, donde la mitad de los edificios parece albergar algo artístico y sorpresivo. La música, tanto convencional como excéntrica, ocupa escenarios en festivales como Latitude y el Cambridge Folk Festival, y la alta cultura también tiene su espacio, el más famoso en el Aldeburgh Festival, fundado por un antiguo residente, el compositor Benjamin Britten. Por su parte, la escena de las artes plásticas rebosa vida en lugares como Firstsite, en Colchester, el jardín de esculturas de Houghton Hall y el Kettle's Yard de Cambridge. Hay que estar atento a los folletos y carteles que se ven por todas partes y disfrutar de la oferta.

3 Venta de productos del mar en Aldeburgh **4** La atronadora llamada del esquivo avetoro resuena en la Minismere Nature Reserve de la RSPB **5** Playa de Southwold, en el este de Suffolk.

Cuándo ir

East Anglia es encantadora a finales de verano, cuando las largas tardes invitan a ir a los jardines y a pasear por la costa. De junio a septiembre hay que reservar con antelación el alojamiento, los barcos en los canales de Norfolk Broads y las cenas en North Norfolk.

Cómo llegar

Desde Londres, Hay trenes rápidos y frecuentes a Cambridge, Norwich y Lowestoft. Un coche de alquiler facilita la movilidad, pero los autobuses conectan casi todas las ciudades y pueblos.

Otros recursos

El país del agua de Graham Swift transporta a los humedales de Fens en tiempos de guerra. John Preston cuenta en *La excavación* el trasfondo del tesoro funerario de Sutton Hoo.

09

Jordan Trail,

JORDANIA

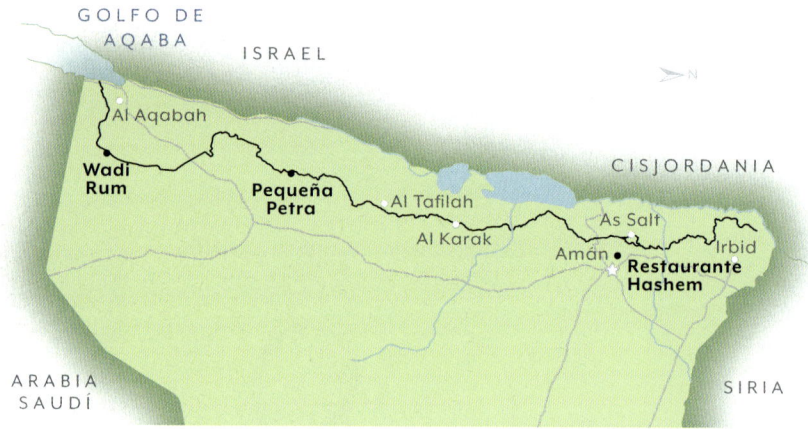

Jordania es una especie de flor del desierto, un lugar de paz y estabilidad duraderas, que florece de forma improbable en una región conflictiva. Es famosa por ciudades perdidas de un pasado remoto, pero también es un buen lugar para tomar el pulso al Oriente Próximo actual. Y ahora hay otra gran razón para visitarla: en el 2025, el Jordan Trail celebrará su 10° aniversario, el momento ideal de recorrer este camino polvoriento entre olivares y silenciosos *wadis* (valles). No hay mejor manera de explorar este fascinante país que a pie.

UN SENDERO DIFERENTE

Muy pocas personas viajan a Oriente Medio para practicar senderismo. A algunos les disuaden las asfixiantes temperaturas. A otros les desanima cargar una pesada mochila

Imprescindible

1 / Iniciar (o acabar) la caminata por el Jordan Trail con una comida en **Hashem,** un legendario restaurante al aire libre en la capital jordana, Amán, con un falafel increíble.

2 / Pasar por la **Pequeña Petra,** un asentamiento nabateo unos 8 km al norte de la propia Petra.

3 / Beber azucaradas tazas de **té con menta** al lado del sendero, un buen combustible para los arduos ascensos del Jordan Trail.

4 / Olvidar el vértigo y reunir el valor para escalar los arcos de roca arenisca del **Wadi Rum.**

con agua potable durante áridos kilómetros. Para muchos, esta región es sinónimo de fronteras impredecibles, donde deambular libremente puede parecer inconveniente o incluso imposible. Teniendo todo esto en cuenta, la creación del Jordan Trail en el 2015 fue un acto revolucionario. Esta ruta de 676 km, que ahora celebra su primera década, cruza Jordania de arriba abajo, un viaje épico en el que los caminantes descubren capas de historia y atraviesan kilómetros de geografía diversa y asombrosa. El sendero empieza en el norte, entre huertos y olivares, junto a la frontera con Siria; el extremo sur se encuentra en un desierto bañado por el mar Rojo. Caminar ya solo un breve tramo desvela una cara del país que la mayoría de los turistas se pierden, pues el Jordan Trail es, en esencia, un proyecto comunitario. De día pastores de la zona pueden guiar a los excursionistas, con pausas para tomar té preparado en una hoguera. Por la noche, los caminantes cansados duermen en colchones bajo las estrellas, en campamentos beduinos. La famosa hospitalidad de Jordania se disfrutará durante todo el trayecto.

PUNTOS DESTACADOS

El Jordan Trail pasa por muchos lugares imprescindibles del país, como la abrasadora extensión salina del mar Muerto (el punto más bajo del planeta) y los monolitos marcianos del Wadi Rum. Además de los

Paisaje marciano del Wadi Rum **1** Un poco de sombra bajo las rocas del Wadi Rum **2** Acampada bajo las estrellas en el Jordan Trail.

© Tom Mackie/Lonely Planet 1 © Marthus Kestel/Shutterstock 2 © Justin Foulkes/Lonely Planet

Para los beduinos, tener la libertad de moverse e ir adonde quieran es fundamental. Caminar es mi vida. Camina con las personas adecuadas y siempre sonreirás.

MOHAMMED AL HOMRAN
/ Pastor y guía del Jordan Trail

3

4

paisajes, se verán vestigios de civilizaciones desaparecidas, como la antigua ciudad helenística de Gadara, el castillo de Ajlun, de la época de las Cruzadas, o las enormes almenas de la fortaleza de Karak. Sin embargo, para la mayoría de los viajeros una ciudad antigua eclipsa a todas las demás: Petra. El tramo de cuatro días del Jordan Trail desde Dana a Petra es el más popular y quizá el más bonito. A pie se goza de otra perspectiva de la legendaria ciudad excavada en la roca, pues se siente el paso de los antiguos caminantes por el *wadi* para entrar en su santuario. Esta etapa guarda muchas otras sorpresas. Quizá se oiga al íbice nubio pisar los cañones de la Reserva de la Biosfera de Dana. Se podría pasar la noche contemplando las estrellas en Feynan Ecolodge, un hermoso hotel sin conexión eléctrica, iluminado con velas, cuya azotea ofrece vistas sublimes de las constelaciones. Seguramente uno se sentirá lejos de la civilización en el remoto Wadi Feid y sus profundos cañones, antes de, solo uno o dos

3 © Justin Foulkes/Lonely Planet 4 © ChameleonsEye/Shutterstock 5 © Sophie Dover/Getty Images 6 © Oleh_Slobodeniuk/Getty Images

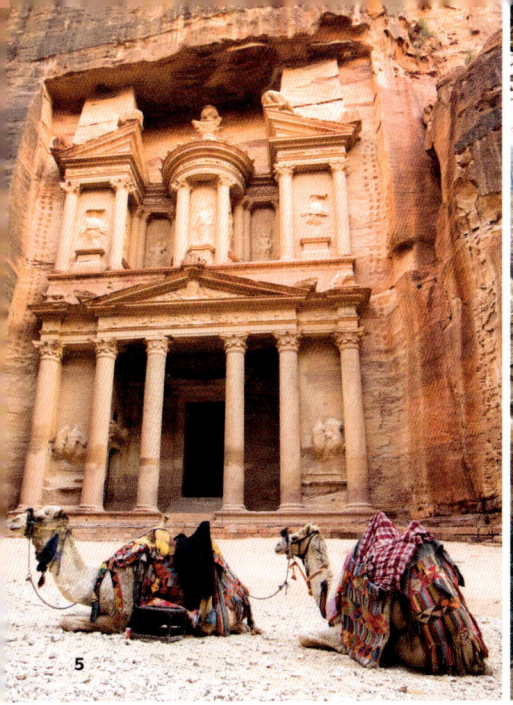

5

6

días después, abrirse paso entre la multitud para entrar en Petra y contemplar cómo brilla la fachada del Monasterio en la bruma producida por el calor. Ya se detenga en Petra para explorar las tumbas talladas por los nabateos hace dos milenios o avance al sur hasta el Wadi Rum, el senderista notará que el Jordan Trail se cuenta entre las rutas de larga distancia más fabulosas del mundo. Es toda una epopeya. El único inconveniente es que se debe cargar con una mochila llena de agua potable.

3 Caminando por un empinado *wadi* en el Jordan Trail **4** Sustento junto al sendero en una tienda beduina **5** Al-Khazneh, o el Tesoro, Petra **6** Petra vista desde arriba.

Cuándo ir

La industria turística de Jordania se pone en marcha en la temporada media, de febrero a mayo y de septiembre a noviembre. Para recorrer el Jordan Trail, es aconsejable viajar durante esta época para evitar el calor del verano; también se puede optar por el invierno (aunque a veces hay nieve en terrenos elevados, como la escarpadura de la zona de Dana). En la web del Jordan Trail se anuncian las caminatas guiadas, que se realizan dos veces al año.

Cómo llegar

Casi todos los visitantes llegan al aeropuerto internacional Reina Alia, en Amán, que cuenta con numerosos vuelos internacionales. La eficiente red de autobuses de JETT lleva a puntos a lo largo del Jordan Trail, como Petra y el Wadi Rum.

10

Monte Hood

Y GARGANTA DEL RÍO COLUMBIA, EE UU

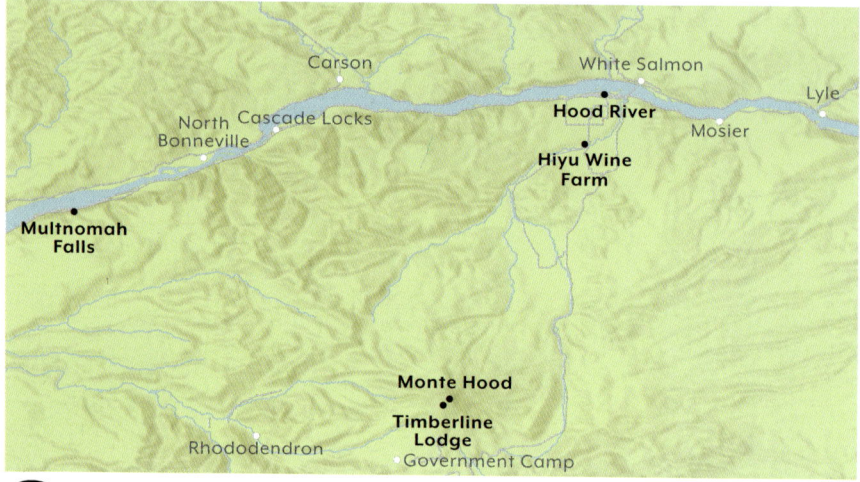

Si para el viajero un día perfecto implica una caminata de 8 km hasta una cascada o bien una copa de vino en el balcón con vistas a un viñedo, debe visitar la región del monte Hood y no tendrá que elegir entre ambas opciones. A solo 40 min de Portland, una ciudad centrada en la gastronomía, una de las zonas geográficas más distintivas del Pacífico Noroeste, acoge una comunidad relajada donde la cocina innovadora y sostenible se está convirtiendo en un atractivo tan importante como las aventuras al aire libre por las que ya es conocido el monte Hood.

DISFRUTAR DE LA NATURALEZA

Pocos paisajes cuentan con un terreno tan diverso y a la vez son tan accesibles y gratificantes para el amante de aventuras. Esquiadores, *snowboarders*, excursionistas y windsurfistas conocen este secreto desde hace décadas. ¿En qué otro lugar empieza un sendero épico de 64 km alrededor de una montaña como el Timber-line Trail desde

Imprescindible

1 / Localizar **Hiyu Wine Farm,** viñedo-restaurante que ofrece vinos naturales elaborados con la técnica del *field blends*, por la que se plantan y fermentan distintas variedades de uvas.

2 / Caminar por **Multnomah Falls,** donde las vistas son impresionantes todo el año y los senderos llevan a varias cascadas.

3 / Hospedarse en el lujoso **Timberline Lodge,** joya de la *parkitecture*, en la cima del monte Hood. El desayuno es fabuloso.

4 / Probar el *windsurf* en la divertida localidad de **Hood River,** que ofrece excelente comida y cerveza y es conocida como la capital mundial de este deporte.

el aparcamiento de un histórico hotel de lujo? ¿O acaba una salida en kayak con una cerveza artesanal y una hamburguesa a unos pasos? Quienes acuden para disfrutar del aire libre comprueban que también es un lugar increíble para comer y beber.

Desde las arboladas laderas de la garganta del río Columbia hasta la escarpada cima del monte Hood, con frutales y bayas entre medio, esta pequeña zona atesora una variedad impresionante. Uno de los resultados es la gran cantidad de microclimas, que resultan excelentes para el cultivo de manzanas, peras, bayas y uvas. Y, tras algunos años a la sombra del más famoso valle de Willamette, se está convirtiendo en una importante región vinícola. La clave es toda esa variedad. Los diferentes microclimas permiten que prosperen muchas variedades de uvas para elaborar vino. Y donde hay buen vino siempre hay buena comida.

EL FRUIT LOOP

El valle del río Hood alberga alrededor de 30 puestos agrícolas, huertos, bodegas, sidrerías y cervecerías que destacan por sus excepcionales elaboraciones a partir de la riqueza agrícola del valle, ya sea en el campo, en la copa o en el plato. Se cultivan manzanos, perales y cerezos desde la década de 1850, y más recientemente han surgido cervecerías, sidrerías y restaurantes de la granja a la mesa. El Fruit Loop, un recorrido panorámico de 56 km por caminos rurales, permite elegir lo mejor.

Atardecer en la garganta del río Columbia **1** Ramona Falls, en el lado oeste del monte Hood **2** Huerto de manzanos en flor en el valle de Hood River.

© DaveAlan/Getty Images 1 © NoriChromo/Getty Images 2 © zschnepf/Getty Images

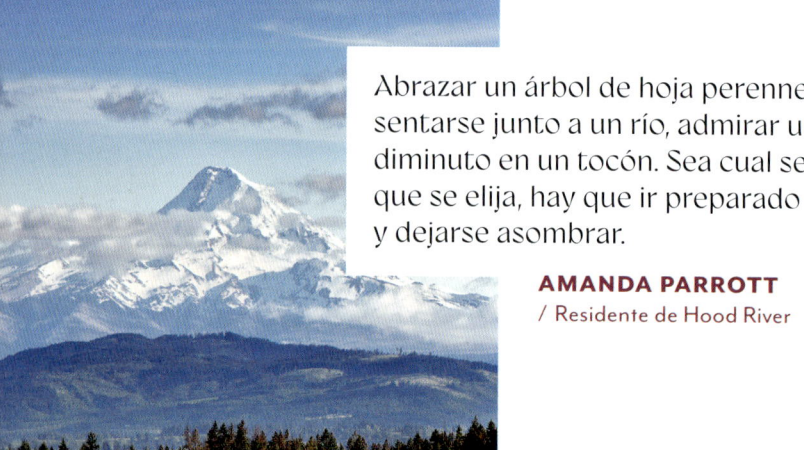

Abrazar un árbol de hoja perenne gigante, sentarse junto a un río, admirar un hongo diminuto en un tocón. Sea cual sea el camino que se elija, hay que ir preparado para gozar y dejarse asombrar.

AMANDA PARROTT
/ Residente de Hood River

Se puede ir a una granja familiar como Draper Girls o Kiyokawa Family Orchards, en la aldea de Parkdale, y recolectar uno mismo los frutos que desee. O elegir un bote de mermelada de moras o una pinta de sidra sin filtrar y disfrutar de un producto hecho con fruta local. Varias bodegas ofrecen catas y luego se puede comprar la botella que más guste. En un radio de pocos kilómetros se hallarán los ingredientes para un festín que aporte fuerzas para recorrer los senderos.

SABOREAR LA TRADICIÓN

El salmón y la trucha hace mucho tiempo que recorren las aguas del río Columbia para desovar y son una de las fuentes de alimento más importantes del Pacífico Noroeste. Los pueblos indígenas yakama, warm springs, umatilla y nez perce los han pescado desde hace miles de años. Tradicionalmente, los pescadores se suben a andamios de madera y capturan los salmo-

3 © Anna Gorin/Getty Images 4 © Cavan Images/Madoc Stories/Getty Images 5 © Theerapol Chaiwsonsakul/Shutterstock 6 © Dave Alan/Getty Images

5

6

nes con redes sujetas a largos postes, lo cual requiere fuerza y destreza. Hoy los visitantes pueden comprar pescado capturado de esta manera o con métodos más modernos en la misma orilla del río; no se encontrara salmón más fresco. Hay que buscar los carteles de "Fresh Fish" cerca del Bridge of the Gods o ir al Brigham Fish Market, en Cascade Locks, regentado por dos hermanas de la Reserva Indígena de las Tribus Confederadas de Umatilla.

3 El monte Hood nevado desde el lado de la garganta del río Columbia en el estado de Washington **4** Tabla de embutidos en una bodega de Oregón **5** La excursión de Multnomah Falls es un punto destacado de la garganta del río Columbia **6** La sinuosa y panorámica Historic Columbia River Highway.

Cuándo ir

La primavera (abril-mayo) y el otoño (septiembre-octubre) ofrecen la mejor combinación de buen tiempo, flores silvestres y productos frescos. El calor de mediados de julio y agosto puede ser abrumador, pero es época de melocotones. En invierno el monte Hood ofrece esquí y *snowboard*.

Cómo llegar

El aeropuerto internacional de Portland está a menos de 96 km de Hood River.

Otros recursos

Martin Marten, de Brian Doyle, es una alegre novela en inglés sobre un niño que vive en una cabaña en el monte Hood y una marta. Para una biografía de la propia montaña, se aconseja *On Mount Hood* de Jon Bell.

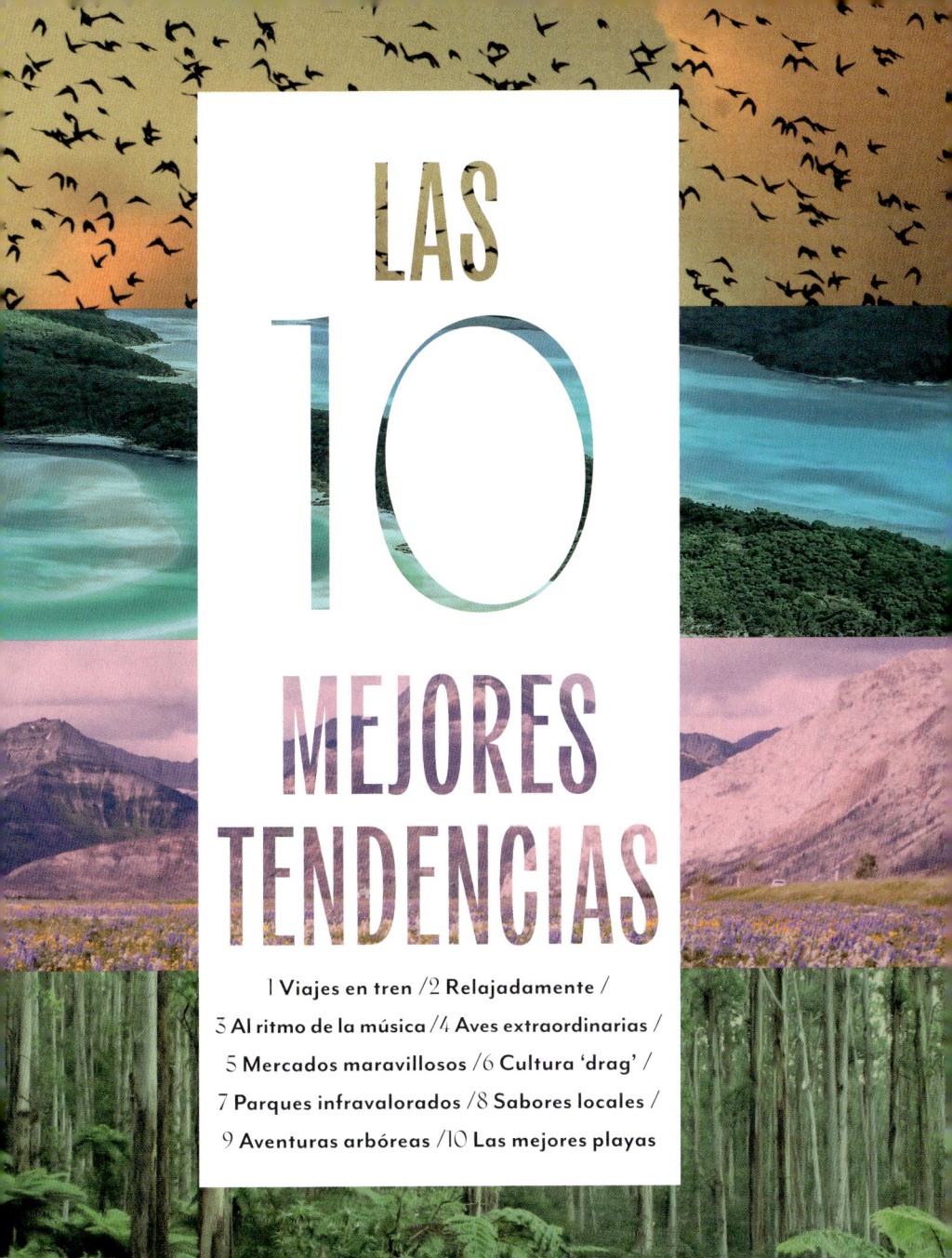

LAS 10 MEJORES TENDENCIAS

1 Viajes en tren / 2 Relajadamente /
3 Al ritmo de la música / 4 Aves extraordinarias /
5 Mercados maravillosos / 6 Cultura 'drag' /
7 Parques infravalorados / 8 Sabores locales /
9 Aventuras arbóreas / 10 Las mejores playas

VIAJES EN TREN

LOS 10 MEJORES VIAJES EN TREN

Desde épicos trayectos transcontinentales hasta
tramos lentos, estas aventuras en tren hacen
del viaje toda una experiencia.

01 / Monorraíl de Shonan, Japón

Este breve pero impresionante ferrocarril
colgante (suspendido de un riel) ofrece
un emocionante trayecto de 6,5 km a
los residentes (y visitantes) de Tokio y
Yokohama que se dirigen a las playas,
baños y parques de Enoshima. Si Japón
queda demasiado lejos, hay uno igual
en Wuppertal, Alemania.

02 / El Skeena (Prince Rupert -Jasper), Canadá

En un país con impresionantes trayectos en tren, destaca este de dos días entre paisajes soberbios por las Montañas Rocosas, con una escala en Prince George para visitar sus atractivos turísticos.

03 / Sunset Limited, EE UU

Este ferrocarril realiza un viaje épico tres veces semanales desde Nueva Orleans a Los Ángeles vía San Antonio, Tucson y Phoenix. Atraviesa cinco estados en 48 h, roza la frontera con México y, una vez superado el suroeste y ya en California, su estación final queda a un trayecto en taxi del Pacífico.

04 / Septemvri-Dobrinishte, Bulgaria

Conviene dejar la línea principal entre Sofía y Plovdiv y embarcarse en esta antigua ruta de vía estrecha, parte servicio turístico y parte transporte público local. Tras ascensos en espiral y vistas vertiginosas, se llega a Avramovo, a 1267 m, la estación más alta de los Balcanes.

05 / Ferrocarriles de Cuba

Un nuevo equipamiento ha agilizado el servicio y mejorado la fiabilidad, comodidad e instalaciones de la línea principal La Habana-Santiago de Cuba. En otros casos, como en la línea de Hershey, parte de la diversión es que sea impredecible.

06 / Línea Bentham, Inglaterra

Este ferrocarril va de Leeds, en Yorkshire, a Morecambe, en la costa de Lancashire. Se puede utilizar para pasar el día o como puerta de entrada a acogedoras estancias en *pubs* y paseos por el Yorkshire Dales National Park desde las estaciones de Clapham y Giggleswick.

07 / Montpellier-Perpiñán, Francia

Los rápidos TGV (trenes de alta velocidad) de París al sur de Francia reducen su velocidad para bordear la costa, sobre todo al pasar por Béziers y Narbona. Hay que sentarse a la izquierda si se "baja" para disfrutar de las vistas del Mediterráneo y flamencos en las salinas junto al mar.

08 / Karwar Express, India

Tras probar la cerveza artesanal y el delicioso café de Bangalore (Bengaluru), un viaje en el Karwar Express es la preparación perfecta para la indolente vida playera de Gokarna. Durante algo más de 15 h se recorre y disfruta de 711 km de vegetación tropical, entre los que destaca el tramo de suaves colinas entre Sakleshpura y Subramanya.

09 / Le Train du Desert, Mauritania

También conocido como el tren del mineral de hierro, cruza el Sáhara mauritano de Zuérate a Nuadibú. Es quizá el viaje en tren más sucio del mundo: se pasa un día y una noche al descubierto sobre mineral de hierro recién extraído. Sí, hay un vagón con asientos, pero no se trata de eso. Hay que seguir los consejos locales.

10 / Braşov-Ploieşti, Rumanía

Este tramo panorámico entre Budapest y Bucarest pasa por los evocadores bosques de los Cárpatos, donde aún habitan osos, con rutas de senderismo y castillos. La zona también acoge las estaciones de esquí más conocidas de Rumanía, a las que se dirigen, en invierno, casi todos los pasajeros.

RELAJADAMENTE

LOS 10 MEJORES LUGARES PARA RELAJARSE

"Viajar despacio" puede parecer una etiqueta de 'marketing', pero para muchos es una forma de vida que acerca a la naturaleza y vacía la mente del ruido de la vida moderna.

01 / Lago Erne, Irlanda del Norte

Dos lagos, unidos por un río, conforman el Erne, una fascinante mezcla de canales sinuosos y bahías ocultas. Las islas del lago, donde otrora había monasterios que eran importantes centros de saber, ahora están ocupadas mayormente por aves y ganado.

02 / Viaje en tren en el Indian Pacific, Australia

En este trayecto en tren de dos noches entre Adelaida y Perth, destaca el día que se atraviesa el desierto, sobre todo la fascinante llanura de Nullarbor, con su total ausencia de árboles. Se puede disfrutar de un cóctel mientras se contempla por la ventana el espacio vacío.

03 / Nagaland, India

Se pueden pasar semanas en Nagaland sin ver a ningún otro visitante. Considerado durante mucho tiempo el "salvaje este", rebosa belleza primigenia y cultura tribal. Sus deslumbrantes valles y colinas son sobrenaturales.

04 / Tubagua, República Dominicana

Totalmente diferente de los populares resorts de la costa, Tubagua, en el interior, resulta perfecto para captar los matices de la auténtica vida dominicana en proyectos de turismo comunitario. Y alberga uno de los mejores alojamientos ecológicos del Caribe, el Tubagua Ecolodge.

05 / Big Bend National Park, EE UU

Las montañas se funden con el desierto en Big Bend, un vasto parque nacional en un rincón remoto del oeste de Texas. Recibe menos del 10% de los visitantes del Gran Cañón, así que resulta más fácil reservar aventuras y excursiones de varios días, como *rafting* por el río Grande.

06 / Isla de Ibo, Mozambique

Cruce de culturas con una historia tempestuosa, esta isla del archipiélago de las Quirimbas está tan aislada que hay que alquilar un avión para llegar. Villas destartaladas y ruinosos edificios cubiertos de musgo bordean sus calles sin tráfico. El Parque Nacional de Quirimbas incluye casi todas las Quirimbas del sur (incluidas Ibo, Medjumbe y Matemo) y una gran extensión de manglares y bosques costeros. Se pueden visitar playas preciosas e islas de coral y alojarse en un resort ecológico.

07 / Jökulsárlón, Islandia

Aquí se puede contemplar el desprendimiento de icebergs del glaciar más grande de Europa, el Fjallsjökull. Flotan hacia el mar y quedan varados en los bancos de arena de la enorme laguna de Jökulsárlón, que antes era toda ella un glaciar.

08 / Río Tatai, Camboya

Serpenteando por una selva remota que alberga todo tipo de aves y fauna, este viaje supone una experiencia de una tranquilidad única, con casi todos los accesos en bote o kayak y noches escuchando los sonidos de la selva tropical.

09 / Bwindi, Uganda

Pasar un tiempo con los gorilas de montaña en las selvas tropicales de Uganda es mágico. Nada prepara al viajero para su belleza y fuerza, sus conmovedores ojos marrones, sus expresiones sorprendentemente humanas y su comportamiento extraordinariamente dulce.

10 / Desierto de Atacama, Chile

El cielo nocturno de Atacama, increíblemente claro, que se extiende por el norte de Chile entre salinas, áridas sierras, playas vacías y zonas espinosas de coloridos cactus, es su mayor atractivo. Observar las estrellas desde un paisaje más parecido a la Luna que a la Tierra es algo único.

AL RITMO DE LA MÚSICA ♪♫

LAS 10 MEJORES SALAS

Una sala de conciertos es casi tan importante como la música.
Estos 10 templos del sonido merecen un viaje por sí mismos.

01 / Ryman, Nashville, EE UU

El auditorio Ryman es el principal recinto musical de Nashville. Este escenario histórico fue el hogar original del Grand Ole Opry y donde superestrellas como Dolly Parton, Hank Williams y Johnny Cash iniciaron sus carreras.

© Hístand/Getty Images; © Ralf Siemieniec/Shutterstock

06 / Hollywood Bowl, Los Ángeles, EE UU

Los veranos en Los Ángeles no serían lo mismo sin las melodías al aire libre bajo las estrellas en el Bowl, un enorme estadio en Hollywood Hills. La programación anual, que suele ir de junio a septiembre, incluye sinfonías, bandas de *jazz* y grupos icónicos.

02 / Hayden Homes Amphitheater, Bend, EE UU

Un concierto de verano en el mayor patio de Bend es el sueño de cualquier melómano. Ubicado junto al río Deschutes, en Oregón, es íntimo, pero espacioso. Hay que llevar una silla, beber una cerveza local, disfrutar de las furgonetas que venden comida y dejarse llevar por la música.

03 / Rudolfinum, Praga, República Checa

El gran Rudolfinum, diseñado en 1884 por los arquitectos Josef Schulz y Josef Zítek, está considerado uno de los mejores edificios neorrenacentistas de Praga. Es la sede de la Orquesta Filarmónica Checa y acoge la fabulosa Sala Dvořák, el mejor auditorio para música clásica de la capital checa.

04 / De Barra's Folk Club, Cork, Irlanda

Conocido como el "Carnegie Hall de Cork" (con fotografías, recortes de prensa, máscaras e instrumentos musicales en las paredes), este incondicional de Clonakilty es uno de los mejores lugares de Irlanda para escuchar música folk tradicional, acompañada de una pinta perfectamente servida.

05 / Anfiteatro Dalhalla, Rattvik, Suecia

Excavado en una antigua cantera de piedra caliza en medio del bosque, cerca de Rättvik, este lugar al aire libre goza de una acústica increíble. Su impresionante entorno es tan atractivo como los variados espectáculos de *rock* y ópera que acoge en verano.

07 / Ópera Real, Bombay, India

Encargada por el rey Jorge V y finalizada en 1916, la única ópera que queda en la India reabrió en la década de 1990 con una pompa espectacular exactamente un siglo después de haber cerrado. En el techo de este lugar emblemático de Chowpatty hay pintados retratos de músicos.

08 / Forum Melbourne, Melbourne, Australia

Uno de los locales para música en directo más evocadores de la ciudad luce un sorprendente exterior morisco (una fantasía desmesurada de minaretes, cúpulas y dragones) y un interior igual de fascinante, con el cielo nocturno del hemisferio sur representado en el techo abovedado.

09 / Teatro Municipal, Ciudad Ho Chi Minh, Vietnam

Construido en 1898 y conocido también como la Ópera de Saigón, este teatro es uno de los edificios más reconocibles de la ciudad. La única manera de entrar y ver sus elegantes candelabros, estatuas de bronce y bellos suelos de granito es asistir a una representación.

10 / Mansa Floating Hub, Mindelo, Cabo Verde

Pensado para resistir los efectos del cambio climático, este "centro musical flotante" consta de tres estructuras de madera sostenible unidas en forma de A. Diseñado por Kunlé Adeyemi de la firma NLÉ, con sede en Ámsterdam, programa una lista rotativa de artistas.

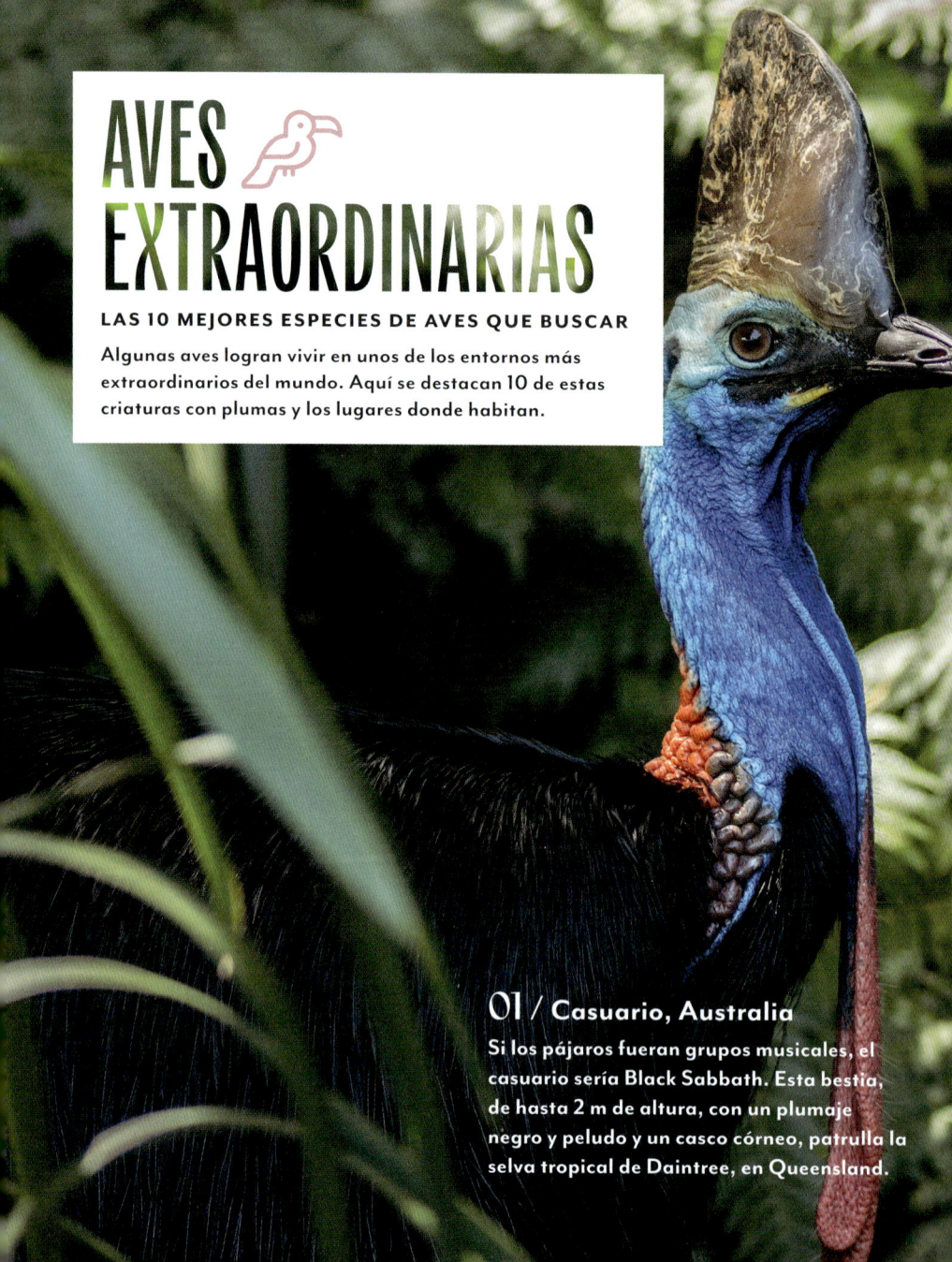

AVES EXTRAORDINARIAS

LAS 10 MEJORES ESPECIES DE AVES QUE BUSCAR

Algunas aves logran vivir en unos de los entornos más extraordinarios del mundo. Aquí se destacan 10 de estas criaturas con plumas y los lugares donde habitan.

01 / Casuario, Australia

Si los pájaros fueran grupos musicales, el casuario sería Black Sabbath. Esta bestia, de hasta 2 m de altura, con un plumaje negro y peludo y un casco córneo, patrulla la selva tropical de Daintree, en Queensland.

07 / **Estornino, Italia**

En el cielo de Roma, bandadas de estorninos realizan exhibiciones coreográficas cuando anochece en la Ciudad Eterna. Los mejores meses para presenciar una murmuración son diciembre y enero.

08 / **Búho americano, EE UU**

Si las miradas mataran, el búho americano sería el depredador aviar más mortífero de EE UU. Se halla en la mayor parte del país y domina lugares salvajes como el Yellowstone National Park.

09 / **Takahē, Nueva Zelanda**

El robusto takahē, la más grande de las aves no voladoras de Nueva Zelanda, se consideró extinto hasta su redescubrimiento en Fiordland, en la Isla Sur, en 1948. Solo quedan 500, pero en el 2023 nacieron varios polluelos.

10 / **Urogallo, Escocia**

Ese gorgoteo que quizá se oiga en un pinar escocés podría ser el cortejo de un urogallo, la más robusta de las aves galliformes. Se pueden buscar por el Cairngorms National Park.

02 / **Frailecillo, Islandia**

Los frailecillos puede que tengan un comportamiento cómico, pero su vida cotidiana no lo es tanto. Vuelan hasta 50 km mar adentro para capturar peces.

03 / **Cóndor andino, Perú**

El cañón del Colca es casi el doble de profundo que el Gran Cañón del Colorado. En sus térmicas planean cóndores andinos de 3 m de envergadura. Lentos para reproducirse, solo quedan 7000.

04 / **Grulla de coronilla roja, Japón**

A finales de invierno, en el paisaje nevado de Hokkaidō, al norte de Japón, parejas de grullas de coronilla roja realizan fascinantes danzas de cortejo. Con pasos y giros sincronizados, estas elegantes aves reafirman sus compromisos para toda la vida.

05 / **Halcón peregrino, Inglaterra**

Descritos por J. A. Baker en *El peregrino* (1967) dejándose caer "como un corazón en llamas" sobre sus presas, hoy los halcones más rápidos del mundo buscan comida desde los rascacielos de Londres.

06 / **Águila real, Mongolia**

Águilas reales entrenadas se acomodan sobre los antebrazos de cazadores kazajos tradicionales a caballo en el oeste de Mongolia.

MERCADOS 🛒 MARAVILLOSOS

LOS 10 MEJORES MERCADOS

Comprar en los mercados es ideal para conocer un lugar y su gente. Conviene madrugar (y consultar el calendario) para disfrutar de las costumbres, delicias y productos locales.

01 / Mercado flotante de Tha Kha, Bangkok, Tailandia

Puede que el Tha Kha no sea el más famoso, pero es un favorito local, conocido por su cocina casera, sus vendedores con productos cultivados en sus propios huertos y los típicos botes de remos. Hay que ir bien temprano o por la noche, cuando las luciérnagas iluminan los árboles.

02 / Marché Atwater, Montreal, Canadá

Ubicado en una sala de ladrillos de 1933 junto al canal de Lachine, este mercado ofrece de todo: productos frescos de granjas locales, vinos excelentes, pan crujiente y demás, que se saborean mejor de pícnic sobre la hierba cerca del agua.

03 / Pike Place, Seattle, EE UU

Es toda una experiencia ver a los peces 'volar' en este mercado de Seattle. Si no es posible llevarse un salmón a casa, hay que comprar exquisiteces en sus puestos especializados, que ofrecen de todo, desde *momos* (empanadillas nepalesas) hasta dónuts.

04 / Mercado nocturno de Queens, Nueva York, EE UU

Este mercado nocturno de temporada brinda un festín olfativo, propio de un lugar de Nueva York que celebra la innovación. Cocineros jóvenes y prometedores elaboran una gran cantidad de platos e infusiones a un precio muy económico.

05 / Marché des Lices, Rennes, Francia

El segundo mercado más grande de Francia cobra vida cada sábado. Durante 400 años, los compradores han adquirido el mejor pescado, carne, verdura, quesos y otros productos bretones en sus varios interiores y exteriores, y sus furgonetas de comida

06 / Neighbourgoods Market, Ciudad del Cabo, Sudáfrica

Los fines de semana, lugareños y visitantes acuden para ver y probar los productos agrícolas, ostras, vino y café de la región, junto con platos internacionales elaborados con ingredientes locales. Las mesas comunitarias contribuyen al ambiente de camaradería.

07 / Nishiki-kōji Ichiba, Kioto, Japón

El mercado de Nishiki es una maravilla para cualquier apasionado de la cocina y la comida. Conocido como la "cocina de Kioto", es el lugar donde compran los grandes restauradores, mientras los visitantes admiran los inusuales ingredientes de la cocina tradicional local.

08 / Farm Gate Market, Hobart / Nipaluna, Tasmania

Los domingos por la mañana, Farm Gate (o Farmy) cobra vida con proveedores locales que pregonan sus artículos de producción local: fruta y verdura, pan y bollería, licores. Antes de examinar los puestos, se aconseja desayunar en las furgonetas de comida de Farmy's Grub Hub.

09 / Mercado de San Pedro, Cuzco, Perú

En el animado mercado de San Pedro, diseñado por Gustave Eiffel, famoso por su torre parisina, se ofrece desde fruta fresca y batidos hasta tiernísimas costillas de res y pescado de río. Brinda un festín para los sentidos, aunque los aromas son lo más atractivo.

10 / Khari Baoli, Vieja Delhi, India

Este famoso laberinto de especias y colores parece atrapado en el tiempo. Un picor flota en el aire cosquilleando la garganta, entre montañas de lentejas y arroz, enormes frascos de *chutneys*, frutos secos y tés.

© Mongkolchon Akesin/Shutterstock; © im_Changphai/Shutterstock

CULTURA 'DRAG'

LOS 10 MEJORES ESPECTÁCULOS DE 'DRAG'

'Drag' es más que RuPaul y su grupo de reinas; es una forma de arte global en que transgresores que desafían las normas culturales muestran un espejo a la sociedad.

01 / **Bangkok, Tailandia**
En House of Heals, propiedad de Pangina, copresentadora de *Drag Race Thailand*, se verán prendas ajustadas y actuaciones seis noches a la semana encima del Renaissance Hotel.

02 / París, Francia

Durante algunas noches selectas de domingo en Who's, feroces artistas drag compiten en el concurso de talentos Drag Me Up, un concurso de talentos presentado por Cookie Kunty.

03 / Berlín, Alemania

Reyes, reinas y demás artistas inconformistas dominan la vida nocturna *ultraqueer* de Berlín. En noviembre compiten en el Mx. Kotti, una visión transgresora de los espectáculos de belleza.

04 / Londres, Inglaterra

Explosivas actuaciones *drag* tiñen de rosa los locales nocturnos de Londres, pero la escena se vuelve especialmente colorida para el Lipsync1000 veraniego, cuando artistas prometedores muestran sus habilidades en la final de Clapham Grand.

05 / Provincetown, EE UU

Cada verano se programan cabarets obscenos de artistas *drag* en Provincetown, el extremo de la península de Cape Cod, con un aire *queer-friendly*. No hay que perderse a la desaliñada Dina Martina.

06 / Nueva York, EE UU

En septiembre la ciudad acoge el Bushwig, un festival *drag* de dos días más del estilo "princesa del punk *rock*" que "deslumbrante reina del baile", con actuaciones ininterrumpidas en un almacén industrial.

7

07 / Sídney, Australia

A finales de febrero, las *drags* de Australia reinan en el lado oeste de Oxford St, en Darlinghurst, un epicentro LGTBIQ+ con entretenimiento continuo durante el Mardi Gras gay y lésbico de Sídney.

08 / Puerto Vallarta, México

El invierno en América del Norte es tedioso, salvo que se esté en el tropical "PV", la Riviera LGTBIQ+ de México, donde los payasos de Palm Cabaret imitan a divas e improvisan con la multitud.

09 / Chicago, EE UU

Coronarse Miss Continental en el feroz desfile del Día del Trabajo de Chicago es entrar en el panteón de la realeza de los tacones altos, digno de elogio internacional.

10 / Barcelona, España

La Ravalada Drag Tour, que ofrece un caleidoscopio de magos del género catalanes y se suele organizar cada dos meses, recorre los mejores bares LGTBIQ+ y establecimientos afines de Barcelona.

PARQUES INFRAVALORADOS

LOS 10 PARQUES NACIONALES MÁS SUBESTIMADOS

Los parques nacionales más populares tienen largas colas, aglomeraciones y precios elevados. Pero en el mundo hay miles, mucho menos visitados aunque también ofrecen maravillas.

01 / Canyonlands National Park, Utah, EE UU

El senderismo cobra un nuevo significado en Canyonlands al subir y bajar acantilados. El Slickrock Trail brinda vistas de 360° y formaciones rocosas increíbles.

02 / Voyageurs National Park, Minnesota, EE UU

Con agua dulce en un 40% de su superficie, en este maravilloso humedal se puede ir en piragua y acampar. La ausencia de contaminación lumínica regala un cielo nocturno espectacular.

03 / Waterton Lakes National Park, Alberta, Canadá

Su atractivo se debe a sus elevados y escarpados paisajes alpinos llenos de flores silvestres. En la caminata por Red Rock Canyon se ven dos cascadas; luego se recobran fuerzas con *scones* y té en el hotel Prince of Wales.

04 / Parque Nacional de Nuuksio, Espoo, Finlandia

Una excursión de un día desde Helsinki a Nuuksio permite embeberse de la naturaleza finlandesa y avistar fauna. En invierno se practica esquí de fondo por valles boscosos cincelados en la Edad del Hielo.

05 / Bannau Brycheiniog/Brecon Beacons National Park, Powys, Gales

Lóbrego y hermoso a la vez, Brecon Beacons es ideal para una caminata evocadora. Al recorrer los 159 km del Beacons Way Trail, que requiere ocho días, se ven las cumbres más altas y los bonitos páramos del parque.

06 / Parque Nacional de Ordesa y Monte Perdido, Huesca, España

Ordesa y Monte Perdido es la zona más alta y espectacular de los Pirineos. Las caminatas son exigentes. Se aconseja la ruta Faja de Pelay, que tiene la ventaja añadida de ser la más impresionante.

07 / Cockscomb Basin Wildlife Sanctuary, Stann Creek, Belice

Un parque protegido en Belice donde los jaguares vagan en libertad. Quizá se vea uno si se pasa la noche escuchando los ruidos de la jungla en una caminata guiada.

08 / Ranthambore National Park, Rajastán, India

Además de ser el mejor lugar para ver tigres salvajes en Rajastán, cuenta con lagos llenos de cocodrilos y templos antiguos. Si se reservan dos o tres safaris, se tendrán muchas oportunidades de ver un tigre.

09 / Tsavo West National Park, Provincia Costera, Kenia

Con una gran variedad de paisajes, desde pantanos hasta conos volcánicos, Tsavo es verdadera naturaleza africana. En el Rhino Valley se verán leones, elefantes, jirafas y quizá un rinoceronte negro.

10 / Great Sandy National Park, Queensland, Australia

Brinda un sinfín de opciones de aventura, la mayor parte relacionada con la arena. Se aconseja ir en todoterreno a través del impresionante paisaje junto a la playa desde Noosa North Shore hasta Double Island Point.

© Michael Russell/Getty Images; © Steve Burns/Getty Images

SABORES LOCALES

LAS 10 MEJORES EXPERIENCIAS GASTRONÓMICAS

Comer y viajar están inextricablemente ligados, sean cuales sean los gustos de cada cual. Estos destinos ofrecen característicos y deliciosos sabores locales.

01 / 'Bibimbap', Corea del Sur

Este plato típico de arroz coreano con fondo crujiente se sirve en una olla de piedra caliente con verduras, huevo y a veces carne por encima. Se añade *gochujang* (pasta de chile) rojo y se mezcla todo para saborear mejor los sabores y texturas.

02 / 'Cozido das Furnas', Azores, Portugal
Este singular guiso se encuentra solo en la zona de Furnas, en São Miguel, en las islas Azores. Se cocina en fumarolas bajo tierra entre 5 y 7 h, y sus verduras y carne adquieren un toque ahumado de azufre del cálido suelo volcánico.

03 / 'Jerk', Jamaica
La marinada picante de Jamaica se aplica en carnes y pescados, que luego se ahúman lentamente sobre un fuego de leña de pimiento. Los chiles panameños aportan el picante y la pimienta de Jamaica redondea el sabor.

04 / Asado, Argentina
Argentina es conocida por la calidad y preparación de su carne vacuna, que se sala y luego se cocina lentamente en una parrilla con guías inclinadas para canalizar la grasa, y un sistema de altura regulable dirige la cantidad perfecta de calor a la carne.

05 / Arroz 'jollof', África Occidental
Los orígenes de este plato festivo son objeto de debate entre las naciones de África Occidental. Pero ya se pruebe el *jollof* en Nigeria, Senegal, Gambia o Ghana, se encontrarán unos ingredientes básicos similares: tomates, pimientos, cebollas y hierbas.

06 / 'Pho', Vietnam
Esta reconfortante sopa de fideos, que se sirve en todo el país, es parte inextricable de la cultura vietnamita. Hay que sorber toda la que se pueda y tan a menudo como se pueda, ya sea en una esquina de Hanói o en Anan Saigon, con estrella Michelin, en Ciudad Ho Chi Minh.

07 / 'Biryani', India
Hyderabad se considera el epicentro del *biryani*, el sabroso plato de arroz que se sirve en los restaurantes indios de todo el mundo. Sin embargo, las variedades de otras partes del país, desde los *biryanis* asameses más vegetarianos hasta los que llevan gambas, carne de res y pescado de Kerala, presentan sabores más sutiles y complejos que otras más conocidas.

6

08 / 'Hoppers', Sri Lanka
Elaborados con una masa fermentada de harina de arroz y leche de coco, los *hoppers* –también llamados *appa* o *appam*– son tortitas en forma de cuenco con el borde crujiente y esponjosos en el centro. Se sirven con un condimento de chile y sal, *lunu miris*.

09 / 'Momos', Nepal
En las calles de la capital, Katmandú, o de cualquier ciudad de Nepal, por todas partes se ven estas deliciosas empanadillas, ya sea al vapor o fritas y rellenas con ingredientes dulces o salados: manzana, chocolate, verdura, pescado, búfalo de agua...

10 / 'Lamingtons', Australia
Aunque Australia y Nueva Zelanda se siguen disputando la propiedad de la *pavlova* (el postre de merengue y frutas), Australia es indiscutiblemente la cuna del *lamington*. Este bizcocho bañado en chocolate y luego en coco puede parecer sencillo, pero es increíblemente bueno.

AVENTURAS ARBÓREAS

LOS 10 MEJORES DESTINOS DE TURISMO ARBÓREO

¿Alto y silencioso o fragante y con flores? Sea cual sea el tipo que se prefiera, pasar tiempo con el árbol favorito en estos 10 lugares del mundo permitirá reconectar con la naturaleza.

01 / Ginkgo, China

Hace miles de años ya se prescribían semillas de *Ginkgo biloba* en la medicina china, y actualmente aún se utilizan. En Xi'an hay un gingko dorado que se plantó durante la dinastía Tang.

02 / Fresno de montaña, Australia

Cintas de corteza se desprenden de estos altos árboles, los estridentes cantos de las cacatúas llenan el aire y el sotobosque explota con helechos gigantes en el Yarra Ranges National Park de Victoria.

03 / Kauri, Nueva Zelanda

Los enormes kauris, que solo crecen en el extremo noroeste de la Isla Norte de Nueva Zelanda, son esenciales en los mitos maoríes. Se pueden admirar en el bosque de Waipoua.

04 / Roble, Inglaterra

Robin Hood se ocultaba entre robles, el rey Carlos II se escondió en uno en 1651, y dan nombre a 400 *pubs* británicos. Se pueden ver en el bosque de Sherwood, en Nottinghamshire.

05 / Olivo, Grecia

Algunos olivos de Grecia existen desde la época de Alejandro Magno, hace más de 2300 años. Los más antiguos y retorcidos se encuentran en los pueblos de Creta.

06 / Secuoya roja, EE UU

Al respirar profundamente ante las relajantes secuoyas del norte de California el tiempo parece ralentizarse. Estos gigantes están protegidos en el Redwood National and State Park.

07 / Almendro, España

Los almendros crecen en las estribaciones de la sierra de Tramuntana de Mallorca. De enero a febrero los campos de esta isla de las Baleares se llenan de pétalos blancos a medida que florecen los árboles frutales.

08 / Cerezo, Japón

Sakura, la floración de los cerezos de Japón, se extiende de sur a norte a partir de marzo. Las flores rosadas provocan el *hanami*, quedadas para ver las flores, que se pueden admirar en un pícnic con amigos.

09 / Baobab, Madagascar

Cuanto más bulboso es el tronco de un baobab, más agua almacena, por lo cual los elefantes lo desgarran. Se puede visitar estos árboles (sin elefantes) en la Avenida de los Baobabs de Madagascar.

10 / Cedro del Líbano, Líbano

Este símbolo bíblico de fuerza era muy codiciado para la carpintería y la construcción naval. Hoy el Bosque de los Cedros de Dios del Líbano, en el valle de Qadisha, es Patrimonio Mundial de la Unesco.

© lazy dragon/Shutterstock; © Sean Pavone/Shutterstock; © Mark Meredith/Getty Images

LAS MEJORES PLAYAS

LAS 10 MEJORES PLAYAS

Es casi imposible reducir a 10 la lista de las mejores playas, pero se ha intentado. Estas son las más destacables, las extensiones de arena más mágicas, indispensables y populares de todo el mundo.

01 / Whitehaven Beach, Queensland, Australia

El arremolinamiento de agua color aguamarina y bancos de arena blanquísimos en el extremo norte de Whitehaven Beach es sobrenatural, y la media de la temperatura del agua es de 26°C todo el año. No hay excusa para no bañarse.

02 / Squeaky Beach, Victoria, Australia

Este tramo protegido en el promontorio Wilsons está bordeado por el parque nacional marino más grande de Victoria. La arena de cuarzo cruje bajo los pies, en un sonido agudo, y se puede chapotear en pozas escondidas en las rocas o nadar en el cristalino océano.

03 / Anse Source d'Argent, La Digue, Seychelles

Merecedora de su fama, su deslumbrante arena blanca está bañada por someras aguas color turquesa y protegida por rocas de granito que salpican la playa como una obra de arte. El paraíso en la tierra.

04 / Sunset Beach, Trang, Tailandia

La playa más bonita entre las formaciones rocosas, aguas esmeraldas y colinas selváticas de las islas Trang, en el extremo sur de la costa de Andamán, en Tailandia. Una breve caminata o un paseo en bote permite contemplar la puesta de sol que le da nombre.

05 / Playa de Sarakiniko, Milo, Grecia

No hay arena en Sarakiniko, sino un paisaje volcánico surrealista que se pliega en el profundo azul verdoso del Egeo, y arcos de piedra, acantilados de alabastro, túneles mineros abandonados y cuevas apenas iluminadas que crean un fascinante contraste con el mar infinito.

06 / Playa de Haukland, islas Lofoten, Noruega

Ver la aurora boreal reflejada en la blanquísima arena es realmente mágico. Haukland es una de las playas más increíblemente hermosas de las miles de Noruega, y en verano el sol de medianoche la ilumina con un brillo sobrenatural.

07 / Playa de Balandra, Baja California Sur, México

Esta impresionante playa es una cala de aguas turquesas poco profundas, perfecta para niños. Se puede alquilar kayaks o tablas de surf de remo, explorar pozas mareales, caminar hasta calas contiguas y contemplar las surrealistas formaciones rocosas de Espíritu Santo en un agua cristalina.

08 / Pfeiffer Beach, California, EE UU

A finales de diciembre, la puesta de sol baña con una luz dorada el Keyhole Arch de Pfeiffer y un tramo de costa: una obra de la naturaleza sin igual en la costa de Big Sur. Y después de las tormentas, la playa se tiñe de violeta por el granate de manganeso que se desprende de los acantilados.

09 / Hanalei Bay, Hawái, EE UU

¿Es el último lugar del mundo o una puerta al cielo? La diferencia no importa al admirar esta bahía de Kauai, una medialuna de arena dorada de 3,2 km tallada en el extremo norte de la isla más septentrional de Hawái.

10 / Platja de Ses Illetes, Formentera, España

Con sus aguas de un azul caribeño y el ambiente relajado de una isla mediterránea, no hay ningún otro lugar como Formentera, donde se camina descalzo y se respira aire salado y donde esta playa evoca un paraíso mágico.

© Reoh Li Photography/Shutterstock. © Andrew Mayovskyy/Shutterstock

ÍNDICE